인간행동과 사회환경

인간행동과 사회환경

HUMAN BEHAVIOR AND SOCIAL ENVIRONMENT

천은영 저

dm 동문사

머리말

인간은 사회적 존재로서, 개인의 행동과 발달은 환경과의 상호작용 속에서 형성된다. 이러한 상호작용은 개인의 내적 특성과 외적 환경 요인이 복합적으로 얽혀 나타나는 결과물로, 이를 이해하는 것은 인간행동의 본질을 탐구하고 더 나아가 사회적 문제를 해결하는 데 필수적이다.

사회복지사는 개인의 삶을 이해하고 지원하기 위해 인간행동과 이를 둘러싼 사회환경에 대한 깊은 통찰을 필요로 하는 데, 인간은 단순한 생물학적 존재를 넘어, 개인의 삶은 사회적, 문화적, 경제적, 정치적 요소들과 밀접하게 얽혀 있기 때문이다. 이처럼 복잡한 맥락 속에서 인간행동을 이해하는 일은 사회복지 실천의 필수적인 출발점으로 인간행동과 사회환경 교과목은 예비 사회복지사에게 매우 중요한 기초 교과목이다.

'인간행동과 사회환경' 교과목은 인간의 행동과 발달을 다양한 관점에서 분석하고, 사회적 맥락과의 상호작용을 조명하는 학문이다. 그러므로 이 학문은 심리학, 사회학, 생물학, 문화인류학 등 여러 학문적 기초 위에서 인간의 삶과 행동을 통합적으로 이해하려는 노력을 반영하였다.

현대사회는 빠르게 변화하는 환경 속에서 다양한 사회적 문제와 개인적 도전과제에 직면하고 있다. 이러한 상황에서 인간의 행동과 사회환경에 대한 이해는 사회복지 실천의 기반이 되어야 한다. 인간은 사회적 관계 속에서 성장하고 발달하며, 환경은 이러한 과정에 지대한 영향을 미치므로 사회복지 현장에서 개인을 이해하고 지원하기 위해서는 그의 행동뿐만 아니라 그를 둘러싼 사회적, 문화적, 환경적 맥락을 포괄적으로 분석할 필요가 있다.

따라서 본 교과목은 예비 사회복지사들에게 사회복지에 대해 이해하기 위해 인간행동의 발달 과정을 사회환경과의 상호작용 속에서 구성하였다. 이를 통해 사회복지사들이 다양한 클라이언트의 삶을 효과적으로 지원할 수 있도록 실질적인 지침과 통찰을 제공할 수 있을 것이다.

본 교재의 구성은 제1부 인간행동과 사회환경의 통합적 이해를 위해 인간의 행동, 상호작용의 중요성을 통합적으로 이해하고자 하였다. 제2부에서는 인간의 성장과 발달을 생애주기별로 태내기, 영아기, 유아기, 아동기, 청소년기, 성인기, 장년기, 노년기로 나누어 발달 과정을 이해하고 적절한 지원을 제공하기 위해 사회복지 실천적 함의를 제공하였다. 제3부에서는 인간행동에 관한 주요 이론으로 정신역동이론, 행동주의 이론, 인지 이론, 인본주의 이론, 제4부에서는 사회환경이론으로 사회체계이론, 일반체계이론, 생태학적 체계이론으로 구성하였다. 이는 사회복지 실천에서 클라이언트의 문제를 다양한 관점에서 이해하고 효과적으로 개입하는 데 기초가 되고, 사회복지사는 이론들을 통합적으로 적용하여 클라이언트의 복합적 욕구를 충족하고, 문제해결을 지원하며, 궁극적으로 개인과 사회의 긍정적 변화를 추구하는 데 도움이 될 것이다.

예비 사회복지 전공 학생들이 인간행동의 본질과 환경적 요인의 상호작용을 깊이 이해하고, 이를 바탕으로 사회복지 실천에 필요한 비판적 사고와 실천적 기술을 개발할 수 있기를 기대한다. 이 책이 나오기까지 원고와 교정을 도와주신 분들과 출판을 맡아주신 동문사의 여러 관계자 분들께 감사를 드린다.

저자 천은영

차례

Part 03 인간행동에 관한 주요 이론

Part 04 사회환경이론

PART 01

인간행동과 사회환경의 통합적 이해

01 Chapter

인간행동과 사회환경의 이해

1. 인간행동의 이해

인간의 행동이란 그 행동이 행해지는 환경 속에서 구체적으로 하나가 된다. 그러므로 우리가 인간행동을 이해하는 방법은 개인을 중심으로 한 미시적인 차원에 그치지 않고 개인을 둘러싼 환경적인 요소, 즉 사회·문화와의 관계에서 이해하는 거시적인 차원의 접근을 모색하게 된다. 전자는 인간행동을 심리학적인 차원에서 이해하는 입장이고 후자는 사회학적인 입장에서 이해하는 입장으로, 이 두 가지 견해는 오래전부터 각각 서로 다른 입장에서 많은 이론가들에 의해 연구되어 왔으나 근래에 인간과 함께 일하는 여러 분야인 사회사업, 교육, 간호, 가정관리 등에서 통합적 접근이 모색되고 있다. 인간의 부적응을 규명하고 치료하는 데 있어서도 정신분석학적 차원의 관심뿐 아니라, 사회 문화적인 환경의 영향에 관심을 가져야 한다는 입장이다(Bronfenbrenner, 1979; Pinker, 2002).

2. 인간행동, 사회환경의 상호작용과 중요성

1) 인간행동과 사회환경의 상호작용

인간행동은 사회적, 문화적, 경제적, 물리적 환경과 끊임없이 상호작용한다. 이러한 상호작용은 개인의 행동, 태도, 가치관, 그리고 정체성을 형성하며, 다음과 같이 사회 전체의 구조와 기능에 영향을 미친다(박경일, 정혜영, 2016; 김정미, 최순영, 2018).

(1) 사회적 환경의 역할

사회적 환경은 개인이 속한 가족, 친구, 직장, 지역사회 등으로 구성된다. 이는 개인의 사회화 과정을 통해 행동규범과 가치를 학습하게 하고, 행동을 조절하는 주요 요인이 된다.

(2) 문화적 환경의 영향

문화는 인간의 행동에 깊이 뿌리내린 가치, 관습, 신념 체계를 제공하여 행동을 이끄는 틀이 된다. 예를 들어, 특정 사회의 전통적 관습은 개인의 의사결정에 중요한 영향을 미친다.

(3) 경제적 환경과 행동

경제적 요인은 인간의 행동에 실질적인 제약과 기회를 제공한다. 소득 수준, 직업 안정성, 그리고 사회적 자원 접근성은 개인의 삶의 질과 행동 패턴을 결정짓는 중요한 요소이다.

(4) 물리적 환경의 역할

물리적 환경, 예컨대 주거지, 자연환경, 도시 설계는 개인의 건강과 행동에 직접적으로 영향을 미친다. 예를 들어, 깨끗한 물과 공기를 제공하는 환경은 건강한 삶과 긍정적인 행동을 촉진한다.

2) 상호작용의 중요성

인간행동과 사회환경의 상호작용은 개별적 성장과 사회적 발전 모두에 핵심적이라고 할 수 있다(Bandura, 1986; Barker, 2003; Giddens, 1991; Payne, 2005).

(1) 개인적 성장

사회환경은 개인의 잠재력을 발휘할 수 있는 기회를 제공한다. 긍정적 환경은 자기효능감과 자존감을 강화하여 생산적이고 건강한 행동을 유도한다.

(2) 사회적 조화

개인과 환경 간의 상호작용이 원활할수록 사회적 갈등이 줄어들고, 공동체의 협력과 안정이 증대된다. 사회적 환경은 다원성을 존중하며 포용적인 문화를 형성하는 데 기여한다.

(3) 문제 해결의 출발점

사회적 문제(예: 빈곤, 범죄, 환경파괴)는 인간과 환경의 부조화에서 비롯되는 경우가 많다. 상호작용의 관점에서 문제를 이해하고 개입하면, 더 효과적인 해결책을 마련할 수 있다.

3. 인간행동의 통합적 방법

인간행동을 이해하고자 두 가지 통합적 방법을 살펴보고자 한다.

개인행동을 이해하려는 접근으로는 성격 이론이 대표적으로 "인간은 왜 그렇게 행동하는가"에 대해 다양한 이론을 전개한다. 프로이트(S. Freud)를 중심으로 한 정신분석학적 성격 이론가들은 인간행동이 유전적 기질, 특성, 또는 다른 내부의 심리적 힘에서 비롯된다고 보며, 스키너(B. F. Skinner)와 같은 행동주의 성격 이론가들은 인간행동이 환경 속의 강화인자에 의해 비롯되고 변화한다고 한다. 또 이 두 입장과는 달리 인본주의 성격 이론가들은 인간의 자유 선택을 강조하여 사람은 자기가 하려고 마음먹은 것을 할 수 있다고 한다. 그리하여 전통적으로 인간의 행동은 유전적 기질, 환경의 변인 그리고 인간이 소유하고 있는 자율성의 함수에 의한다고 본다(Skinner, 1953).

그러나 사회학습이론을 강조한 반두라(A. Bandura)와 같은 성격 이론가들은 유전적 요인과 환경적 요인 그리고 그 사람의 행동 자체가 상호작용되어 행동이 이루어지며 세 요소 중 어느 것을 도외시하고서는 인간행동의 결정요인을 설명할 수 없다는 상호결정론의 입장을 취한다(Bandura, 1986).

사회 체계적 접근방법에서는 인간행동의 근거를 문화와 사회라는 사회체계 속에서 찾는다. 사회학자나 문화인류학자들은 인간은 출생과 동시에 가족이라는 집단에서 성장하며 학교 조직체계에서 교육받고 사회라는 조직체계 속에서 일하며 살아가며, 그리고 전통적으로 내려오는 문화 속에서 언어를 습득하고 행동양식과 가치를 내면화한다고 본다. 이러한 사회체계는 개인, 가족, 집단, 조직, 지역사회, 그리고 문화로 구성되며 모두 인간행동에 영향을 주는 기본체계이다. 그러나 이러한 체계들 중에 어디에 초점을 두느냐에 따라 학자들 간에 입장이 달라진다(Germain, & Gitterman, 1980). 예컨대, 파슨즈(T. Parsons)와 같은 거시적 기능주의자들은 거시체계인 사회를 중요시하기 때문에 인간의 행동은 전체 사회의 목표나 욕구에 의해 변화되는 하나의 단위라고 봄으로써 인간행동의 문화결정론을 주장한다. 그러나 반대로 웨버(M. Weber), 미드(J. H. Mead), 그리고 블루머(H. Blummer)와 같은 사회적 행동주의자와 사회적 상징주의자들은 사회는 최소단위인 개인행동에서 출발한다고 하고, 사회는 개인행동들로 구성되는 것이라고 보았다. 즉 인간은 사회화 과정에서 문화의 영향을 크게 받지만 무조건 받아들이는 것이 아니고 자율성을 가지고 선별적으로 받아들인다는 입장이다.

이와 같은 사회체계론자들의 양극적인 두 입장에 대해 케슬러(Koestler)는 홀론(Holon)의 개념을 적용하였다. 사회체계는 크든 작든, 복잡하든 단순하든지 간에 하나의 홀론이며, 이는 모든 체계가 부분임과 동시에 하나의 전체라는 개념을 나타낸다. 단위는 부분들로 구성되며 부분들에 대해 단위는 전체 체계가 된다는 것이다.

인간행동에 대한 이 두 가지의 접근에 대한 이해는 인간행동을 이해하고 문제를 해결하는 사회복지 방법론의 기본적 틀을 제공한다. 인간행동을 이해하는 준거 틀로써 하나의 접근방법만을 강조한다면 한쪽 면만을 이해하는 절름발이 방법론이 될 것이다. 이러한 맥락에서 인간의 발달 이론, 성격 이론, 그리고 사회체계이론은 인간행동을 이해하는 데 필수적인 이론들이다.

4. 인간행동, 사회환경과 사회복지 실천의 함의

"인간행동, 사회환경과 사회복지 실천의 함의"는 사회복지에서 중요한 주제이다. 이는 인간의 행동이 사회적 환경 속에서 어떻게 형성되고 변화하는지를 이해하고, 이를 바탕으로 효과적인 사회복지 실천 전략을 개발하는 데 초점을 맞춘다.

1) 인간행동과 사회복지 실천의 의미

사회복지 실천에서 인간행동의 의미를 이해하려면 다음 주요 개념을 알아야 한다(강봉규, 2015; 고명수, 이승현 외, 2018; 조복희, 도현심 외, 2016).

첫째, 인간행동 이론이다.

인간행동이론은 인간의 행동을 이해하고 예측하는 데 도움이 되는 일련의 이론이다. 이러한 이론들은 개인의 행동을 결정하는 다양한 요인들을 분석한다. 이 요인들은 개인의 생물학적, 심리학적, 사회적 특성, 그리고 환경적 요인들을 포함한다. 이를 이해함으로써, 사회복지전문가는 사람들이 왜 그런 방식으로 행동하는지를 더 잘 이해하고, 어떤 종류의 지원이 그들에게 가장 효과적일지를 파악할 수 있다.

둘째, 생태계 접근법이다.

이 접근법은 개인이 그들의 환경과 상호작용하는 방식을 중심으로 한다. 이는 가정, 학교, 직장, 지역사회 등의 다양한 시스템에서 발생하는 인간의 행동을 이해하는 데 중요한 도구이다. 생태계 접근법은 사회복지전문가가 개인의 행동에 영향을 미치는 여러 요인을 폭넓게 이해하도록 돕는다.

셋째, 사회복지전문가의 역할이다.

사회복지전문가는 개인, 가족, 그룹, 커뮤니티를 지원하고, 그들이 공정하고 풍요로운 생활을 이룰 수 있도록 돕는 전문적인 역할을 한다. 이를 위해 사회복지전문가들은 개인의 행동을 이해하고, 문제를 해결하고, 필요한 서비스를 제공하는 데 필요한 기술을 활용한다. 이는 클라이언트가 직면한 문제를 이해하고, 그들이 상황을 극복하도록 돕는 데 필요한 전략을 개발하는 데 중요하다.

2) 사회환경과 사회복지 실천의 의미

사회복지 실천에서 사회환경의 의미를 파악하려면, 그것이 어떻게 개인과 커뮤니티의 복지에 영향을 미치는지 이해하는 것이 중요하다. 사회환경은 물리적, 경제적, 문화적, 정치적 요인들이 결합 된 복잡한 구조를 포함하며, 이들 모두가 개인과 집단의 행동과 경험에 영향을 미친다.

첫째, 사회환경의 요소이다.

사회환경은 여러 요소로 구성된다. 이는 경제적 상황, 정치 체제, 문화적 가치, 사회적 관습, 법률, 교육 체제, 헬스케어 시스템 등을 포함한다. 이런 요소들은 개인이나 집단의 생활 상황에 큰 영향을 미치며, 그들의 복지와 기회에도 영향을 미친다.

둘째, 사회환경과 사회복지 실천이다.

사회환경 이해는 사회복지전문가가 필요한 서비스와 지원을 개발하고 제공하는 데 중요하다. 사회환경은 개인의 행동에 영향을 미치는 요인이며, 이는 사회복지전문가가 어떻게 개입하고 지원을 제공할지를 결정하는 데 중요한 역할을 한다.

셋째, 사회환경의 변화이다.

사회환경은 시간에 따라 변화하며, 이러한 변화는 사회복지 실천에 영향을 미친다. 새로운 정책이나 법률, 경제적 변화, 기술적 진보, 사회적 변화 등은 모두 사회복지 서비스의 필요성과 형태를 변화시킨다.

3) 인간행동, 사회환경과 클라이언트와의 관계

인간행동, 사회환경, 그리고 클라이언트와의 관계는 사회복지전문가의 역할에 있어 핵심적인 요소이다. 이 세 가지 요소는 상호연관되어 있으며, 복잡한 상호작용을 통해 사회복지 실천에서 중요한 역할을 한다(고명수, 이승현 외, 2018; 김청송, 오세진 외, 2015).

첫째, 인간행동과 클라이언트이다.

사회복지전문가는 클라이언트의 행동을 이해하고, 그들이 직면한 문제를 해결하고, 필요한 지원을 제공하는 역할을 한다. 인간행동 이론을 이해하면, 사회복지전문가는 클라이언트의 행동에 영향을 미치는 다양한 요인을 파악하고, 이를 바탕으로 효과적인 개입 전략을 개발할 수 있다. 예를 들어, 개인의 심리적 요인, 가정 상황, 직업 상황, 교육 등이 현재 문제에 어떻게 영향을 미치는지를 이해하는 것이 중요하다.

둘째, 사회환경과 클라이언트이다.

사회환경은 클라이언트의 복지에 큰 영향을 미치는 요소이다. 이 환경은 경제적, 사회적, 문화적, 정치적 요인을 포함하며, 이들은 모두 클라이언트의 행동과 경험에 영향을 미친다. 사회복지전문가는 이러한 요소들을 이해하고 그들이 클라이언트에게 어떻게 영향을 미치는지를 알아야 한다. 예를 들어, 문화적 차별, 부적절한 사회 서비스, 경제적 불안정 등은 클라이언트의 복지를 해칠 수 있다.

셋째, 인간행동, 사회환경, 그리고 클라이언트와의 관계이다.

사회복지전문가는 클라이언트의 개인적인 상황과 그들이 속한 사회적 환경을 동시에 고려해야 한다. 이는 클라이언트가 직면한 문제를 더 깊이 이해하고, 효과적인 지원과 서비스를 제공할 수 있게 한다.

4) 인간행동과 사회환경의 이해와 효과적인 개입과 서비스 제공

사회복지전문가의 역할은 다양하고 복잡한 인간의 행동과 그들이 속한 사회환경을 이해하고 그에 기반한 효과적인 개입과 서비스를 제공하는 것에 중점을 둔다. 이 두 요소는 상호연결되어 있으며, 사회복지전문가의 역할과 사회복지 실천에 결정적인 영향을 미친다. 먼저, 인간의 행동은 개인의 생활과 경험에 영향을 미치는 여러 요소를 포함한다. 이 요소들은 개인의 생물학적, 심리학적, 사회적 특성을 반영하며, 이를 이해하고 활용하는 것은 사회복지전문가가 개인의 복지를 향상시키는 데 중요한 역할을 한다. 사회복지전문가는 인간행동 이론을 이해하고 이를 활용하여 개인의 행동에 영향을 미치는 다양한 요인을 파악하고, 이를 바탕으로 효과적인 개입 전략을 개발하고 실행해야 한다.

또한 사회환경은 개인이나 단체의 행동과 경험에 영향을 미치는 다양한 요소를 포함하며, 이를 이해하고 대응하는 것은 사회복지전문가가 효과적인 서비스를 제공하는 데 중요하다.

PART 02

인간의 성장과 발달

02 Chapter

인간의 성장과 발달 : 태내기에서 유아기

인간의 발달은 임신의 순간에서부터 시작된다. 과거에 태아는 생명체로 인정받지 못하였으나, 현대에는 태아학(fetology)의 발달로 태아가 어떤 과정을 거쳐 발달하며, 태중에서 겪는 경험, 태아가 가진 능력에 대해 알게 되었다. 이 장에서는 생명의 시작과 수정, 태내의 발달단계, 태내 발달에 영향을 미치는 요인에 대해 알아보고자 한다.

1. 태내기

태내기라 함은 난자와 정자가 만나 수정된 순간부터 출산에 이르기까지 약 38주의 기간을 말한다. 한 생명체의 시작은 정자와 난자가 만나 수정이 되면서 비롯된다. 정자와 수정이 이루어진 수정란은 모체의 자궁 속에서 9개월간 놀라운 과정을 따라 성장하여 하나의 생명체로 태어나게 된다. 수정 후부터 약 280일 동안 태아는 어머니의 체내에서 자라게 된다. 제1단계는 수정되는 순간부터 접합체가 자궁벽에 부착되는 약 2주 동안의 발아기며, 제2단계는 배아기로서 임신 3주부터 8주까지로 여러 기관들이 형성된다. 그리고 제3단계인 태아기는 임신 8주부터 출산 전까지로 태아가 커지고 시간과 근육의 기능이 시작되는 시기이다. 태내 발달 단계는 다음의 세 단계로 구분된다(이현림, 김영숙, 2016; 천은영, 2017).

1) 태내기의 발달 특징

(1) 배란기

이 시기는 정자와 난자가 결합한 수정란이 자궁벽에 착상하는 2주까지의 시기이다. 사망률이 가장 높은 시기이지만 모체는 이를 지각하지 못한다.

(2) 배아기

이 시기는 수정란이 자궁벽에 착상한 후부터 골격이 형성되는 8주까지의 시기이다. 배아기 중 4주경에는 심장이 뛰기 시작하며, 뇌와 신경조직이 분화되고, 입, 소화기관, 간 등이 형성되기 시작한다. 8주경에는 입, 눈, 귀가 뚜렷하게 분화되고 팔, 손발, 다리, 성기가 형성되며 근육이나 연골조직이 발달한다. 또한 내부 기관 및 신경조직이 발달하여 이 무렵이면 인간이 갖춰야 할 신체 기관과 기본조직은 모두 갖춘다. 이 시기에 발달을 저해하는 사건이 발생하면 영구적인 손상을 입게 되므로 태내 환경에 주의가 필요하다. 또한 임산부는 태아에게 적응하는 시기로 입덧, 두통, 구토를 호소하고 특정한 음식을 찾으며 예민한 상태가 되는 시기이다.

(3) 태아기

태아기는 8주 이후부터 출생까지의 시기로, 신체 기관이 급속히 성장하는 기간이다.

태반은 이 식에 안정되며 호흡기관은 7개월이 되면 자궁 밖에서 생존할 만큼 발달한다. 따라서 28주경이면 미숙아로 태어나더라도 인큐베이터를 사용하여 성장한다. 36주경에는 태아의 머리가 아래로 향한 위치로 정착하는데, 이는 출산을 용이하게 하기 위한 자세이다.

2) 태내 발달에 영향을 미치는 요인

태내기 동안 바람직한 환경을 조성하는 것은 임신에 대해 잘 적응하는 것으로, 임신기간 중의 변화를 이해하고 수용하는 것이 무엇보다 중요하다. 태내 발달에 영향을 미치는 요인이 무엇인지 알아보고자 한다(송명자, 2012; 천은영, 2016).

(1) 유전적 요인

임신 초기 유산의 원인은 유전인자나 염색체의 이상 때문인 것으로 추정되며, 대부분 임신 초기에 자연유산이 된다. 열성인자에 의한 유전인자 이상이나 염색체 이상으로 태어난 경우 전 생애에 걸쳐 부정적 영향을 미치는데, 이는 태내 진단을 통해 확인할 수 있다. 태내 진단은 출생 전 태아와 자궁의 상태를 검사하여 태아가 심각한 장애를 가졌을 경우 유산시키거나 적절한 분만 방법을 준비하도록 도와준다. 가장 보편적인 검사로는 초음파검사가 있다. 초음파검사는 태아의 호흡, 심장 운동, 혈관 박동 등 태아의 상태를 해부학적으로 관찰할 수 있다. 양수검사도 태내 진단검사로 임신 15~18주에 실시하며, 임신 2개월경에는 태반이 될 융모를 검출하여 염색체 이상을 검사는 융모막 검사가 있다.

(2) 환경적 요인

태내 환경은 바깥세상과 차단되어 외부의 자극을 차단해 주는 안전한 장소이다. 그러나 태내 환경이 적절하지 못할 경우 미성숙한 태아는 심각한 손상을 입을 수 있다. 태내기 동안 어머니의 신체적, 정신적 상태가 태아에게 지대한 영향을 미친다는 것을 인지하고 주의해야 한다.

첫째, 태내 환경에서 태아 발달에 결정적인 영향을 미치는 요인 중 하나는 어머니의 영양상태이다. 임신 초기 어머니는 질적으로 균형 잡힌 영양소가 필요하며, 임신 후기에는 양적으로도 많은 영양분이 필요하다. 임신부의 하루 섭취량은 15~30% 정도 증가시키는 것이 바람직하며 철분, 칼슘, 비타민을 충분히 섭취해야 한다. 임신 말기에는 체중이 11~12kg 정도 증가하는 것이 일반적이다.

둘째, 태내 환경에 부정적인 영향을 끼치는 어머니의 환경 요인으로 임신 중 흡연할 경우 저체중아 출산 확률이 높고 유산, 영아 사망, 아동 암 발생 등의 가능성도 높다. 임신 중의 음주는 태아 알코올 증후군의 원인이 되며 신경안정제, 수면제 등의 약물복용도 기형을 초래하는 것으로 나타났다. 어머니가 풍진, 성병, AIDS, 당뇨병 등을 지니고 있을 경우에도 태아에게 심각한 손상을 초래할 수 있다. 또한 임신 전이나 임신 동안의 스트레스 상황은 조산 및 저체중아 출산을 초래할 수 있다. 따라서 임신한 경우 스스로 스트레스 상황에 대처해야 하고, 가족 및 주변 사람들은 임신한 어머니에게 각별한 주의를 기울여야 한다.

셋째, 약물복용은 그 종류에 따라 안전한 약물도 있지만 태반을 통해 태아에게 전달되어 심각한 영향을 미치는 약물도 있다. 태아에게 영향을 미치는 약물은 다음과 같다(이숙재·이봉선, 2008).

표 1-1 태아에게 영향을 미치는 약물

약물	영향
항생제	미숙아 출산, 공격성장 저해, 청각결함
아스피린	혈액질환, 저체중아 출산
환각제	정서불안, 운동기능 장애, 심장 및 언어장애
신경안정제	기형아 출산, 신생아 호흡장애
성호르몬제	미숙아 출산, 유산, 저체중아 출산
피임약	염색체 이상, 심장이상
카페인	유산, 저체중아 출산

출처 : 이숙재·이봉선(2008). 영아의 발달과 교육. 창지사.

3) 태내기와 사회복지 실천의 함의

(1) 태내기와 사회복지의 연계성

태내기는 생명의 시작점으로, 개인의 건강과 발달에 결정적인 영향을 미치는 시기이다. 이 시기에 적절한 개입은 이후의 신체적, 정신적, 사회적 건강에 큰 영향을 미친다(엄영용, 노충래, 노용식, 2020).

태아의 건강은 산모의 신체적, 정신적 상태와 직접적으로 연결되며 산모의 경제적, 사회적 환경은 태아 발달에 영향을 미친다.

(2) 사회복지 개입의 필요성

- 취약계층 지원: 경제적 어려움을 겪는 산모들은 영양 부족, 스트레스 증가, 의료 서비스 접근성 부족 등의 문제에 직면할 가능성이 크다. 이를 지원하기 위한 경제적, 심리적 개입이 중요하다.
- 의료 서비스 접근성: 산전 검진, 건강한 출산을 위한 의료 서비스가 원활히 제공되도록 돕는 역할이 필요하다.
- 심리적 안정 지원: 임신 중 스트레스와 우울증은 태아의 정서적, 신체적 발달에 부정적인 영향을 미칠 수 있으므로, 심리 상담 및 지원 서비스 제공이 필요하다.

(3) 태아의 권리와 윤리적 함의

태아는 아직 독립적인 존재가 아니지만, 잠재적 생명으로서 보호받을 권리가 있다.

사회복지 실천에서 태아와 산모의 권리를 조화롭게 고려해야 하며, 생명 윤리에 대한 논의도 병행되어야 한다.

(4) 정책적 함의

- 가족 중심의 사회복지 서비스: 임신 초기부터 출산 후까지 연속적인 지원이 이루어져야 한다.
- 출산 장려 및 복지 정책: 저출산 문제가 대두되는 현대사회에서 출산을 장려하고 산모를 지원하는 정책은 사회복지적 관점에서 핵심 과제이다.
- 산모 교육 및 건강 관리 프로그램: 산모를 대상으로 한 임신 교육, 영양 관리, 정서적 지원 프로그램이 필수적이다.

(5) 실천적 함의

사회복지사는 태내기 시기에 산모와 가족을 지원하는 데 있어서 다음과 같은 역할을 수행해야 한다.

- 정보 제공자: 임신 및 출산에 관한 정보를 산모와 가족에게 제공한다.
- 연결자: 의료, 경제적 지원, 심리 상담 등 다양한 자원과 서비스를 연결한다.
- 옹호자: 산모와 태아의 권리를 보호하고, 이들을 위한 정책 개선을 옹호한다.

따라서 태내기의 사회복지 실천은 개인의 생애 전반에 걸쳐 긍정적인 영향을 미치는 중대한 실천 영역이다. 사회복지사는 태내기 시점에서 산모와 태아를 중심으로 다양한 지원과 개입을 통해 건강한 출생과 양육 환경을 조성해야 하며, 이를 위해 다학제적 접근과 윤리적 고려가 필요하다.

2. 신생아기

1) 신생아기의 발달 특징

(1) 체중과 신장, 두위와 흉위

출생 시 체중은 약 3.3kg(2.6~4.1kg)이며, 신장은 약 50cm(46~56cm) 정도이다. 출생 초기에는 체중이 약 4~10% 감소하는데, 이는 생후 3~4일 동안은 섭취량보다 수분의 손실이 많기 때문이다. 일시적으로 감소하나 7~8일경이 되면 출생 시의 체중으로 회복하게 되어, 하루 평균 20~30g 증가하게 되는데, 이는 일생에서 가장 빨리 증가하는 시기이며 체중에 증가량을 통해 아기가 잘 자라고 있는지 알 수 있다.

출생 시 두위는 약 35cm(31~37cm), 흉위는 약 33cm(30~36cm)이며 생후 1년 정도 되면 두위 흉위가 같아지게 된다.

(2) 천문

천문(泉門)은 골화가 불완전한 두개골에 잔존하는 막으로, 자라면서 뼈로 바뀌는 부분이다. 두개골은 여러 개의 뼈가 꿰매어 놓은 듯이 서로 엮어져 있어서 신생아의 큰 머리가 어머니의 좁은 산도를 통과할 때 겹쳐져 쉽게 나오도록 하며 빠른 속도로 발육하는 뇌 조직을 저해하지 않게 되어 있다.

신생아는 출생 시에 6개의 천문을 갖고 태어난다. 다른 천문들은 크기가 작아 빨리 닫히나 그 중 두 개는 밖에서도 관찰할 수 있다. 크기가 큰 것을 대천문이라 하는데 흔히 숫구멍이라고 말하는 부위이다. 대천문은 신생아의 머리뼈 꼭대기에 열십자로 교차하는 곳에 마름모 모양으로 약 3cm 정도다. 대천문은 뇌의 척수액 압력에 따라 차이를 보여 열이나 보챔 또는 늘어짐 같은 다른 증상을 동반하지 않는 한 정상적으로 튀어나왔다 들어갔다 한다. 다른 천문은 소천문이라 한다. 이는 작기 때문에 생후 6~8주경에 닫히고, 대천문은 14~18개월경에 닫힌다. 그러나 2년이 지나서 닫히는 수도 있다.

(3) 체온

신생아의 체온은 성인보다 0.5~1℃가 높은 36.7~37.5℃ 정도이며, 체온조절기능이 발달되어 있지 않아 온도변화에 민감하다. 따라서 갓 태어난 아기는 방안 공기가 조금이라도 높으면 금방 체온이 올라가고, 반대로 조금만 추워져도 곧 떨어지므로 온도조절에 신경을 써주어야 한다.

(4) 수면

갓 태어난 신생아는 하루 20시간 이상 잠을 잔다. 2~3시간 정도 자고 나서 젖을 먹고 다시 자는 것을 밤낮의 구별이 없이 반복하며, 밤낮이 뒤바뀌는 경우도 흔하다. 그러나 낮에 자고 밤에 자지 않는다고 해서 크게 문제될 것은 없으며, 대부분의 신생아들이 백일을 전후해 수면 습관이 안정되어 밤낮을 구분하게 된다.

(5) 호흡과 맥박

아기의 호흡은 복식호흡으로, 막 태어났을 때는 호흡 조절기능이 미숙해 몸을 움직인다든가, 운다든가 해도 호흡수가 빨라지는 등 불규칙하다. 그러나 2~3일이 지나면 1분에 40~50번 정도로 안정된다. 맥박도 1분에 120회 정도로 성인에 비해 2배 가까이 빠르다.

(6) 소화와 배설

신생아의 위는 성인의 위에 비해 세로형이고 식도-위 결합부 괄약근의 기능이 미숙하므로 젖을 먹으면 역류하기 쉬워 젖을 잘 토한다. 신생아의 소화효소는 초기 음식물을 소화하기에 적절하게 되어 있으며, 지방보다 단백질과 탄수화물을 더 잘 소화한다.

신생아는 태어나서 3~4일 사이에 짙은 녹색의 태변을 본다. 신생아의 장기는 기능적으로 아직 완벽하지 못한 상태이기 때문에 장내의 탄수화물을 분해시키는 효소가 일시적으로 부족해 발효 작용을 함으로써 장내를 산성으로 만들어 변의 색깔이 녹색이 되는 것이다. 그리고 점차 노란색의 묽은 변으로 변한다.

(7) 딸꾹질, 재채기

신생아가 가지고 있는 대표적인 특징이라고 할 수 있는데, 대개 딸꾹질은 서둘러 젖을 먹일 때 하게 된다. 따뜻한 설탕물 또는 끓여서 식힌 물을 먹이면 가라앉는 경우가 많다. 재채기도 마찬가지로 조금만 바람을 쏘여도 바로 한다.

(8) 황달

생후 아기의 간은 미숙한 상태이므로 노란색 물질인 빌리루빈을 완전히 제거하지 못해 아기가 태어난 직후 며칠 동안 아주 약한 황달 증세를 보이는 경우가 많다. 이러한 생리적인 황달은 대개 생후 2~3일경에 나타나 5일 정도 지나면 괜찮아진다.

하지만 병적인 황달은 생후 하루부터 나타나 점점 심해지고 오랫동안 지속되므로 황달이 길어지면서 점점 심해진다면 전문의를 찾아 집중 치료를 받아야 한다. 심한 황달은 청력장애를 일으킬 수 있고 뇌의 손상을 일으킬 수도 있으므로 방심해서는 안 된다. 아기에게 햇볕을 쬐어주거나 형광등을 비춰주면 치료가 된다. 하지만 이러한 광선치료를 통해 황달이 치료되지 않으면 소량의 혈액을 제거하고 신선한 혈액으로 바꿔줘야 한다(정옥분, 2018).

보통 생리적인 황달은 생후 2~3일경에 나타나지만, 모유를 먹는 아기 가운데 황달이 나타나는 경우도 있다. 이를 모유 황달이라고 하는데, 이런 경우 모유를 잠시 끊었다가 며칠 후에 먹이도록 한다. 하지만 3일이 지나서 모유를 먹였는데도 여전히 황달을 보인다면 전문의를 찾아야 한다(황희숙, 이희영, 이경화 외, 2018).

2) 반사운동 능력

아기의 몸 전체를 잘 살피고 나면 간단한 반사 능력 검사를 한다. 갓 태어난 아기라도 어떤 자극을 주면 본능적으로 타고난 반사 반응을 나타내는데, 반사 능력의 정상 여부가 신경과 근육의 성숙도를 판단하는 데 중요하기 때문이다. 신생아의 반사 반응에는 다음과 같은 종류가 있다(정옥분, 2023).

반사행동에는 생존 반사와 원시 반사가 있다.

생존 반사(survival reflexes)는 신생아의 생존에 필요한 기본적인 것이다. 생존 반사는 유해한 자극에 대해 자신의 보호기능을 할 뿐만 아니라 기본 욕구를 충족시키는 기능도 한다(Bowlby, 1988). 따라서 영아에게 나타나는 행동 중 밝은 빛에 눈을 감기, 눈 깜박거리기, 하품, 기침, 구역질 또는 재채기와 같은 자기 보호적인 반사들은 사라지지 않는다.

원시 반사(primitive reflexes)는 신생아의 생존과는 관계가 없는 반사로 인류의 진화 과정의 흔적으로 보인다. 원시 반사는 각기 다른 시기에 대부분 수개월 이내에 사라지는데, 이는 대뇌피질의 발달로 신생아의 반사운동이 점차적으로 의식적이고 자발적인 행동으로 대체되기 때문이다. 또한 원시 반사가 기능적인 가치는 별로 없다 하더라도 발달 상태를 평가하는 데에는 매우 유용하다.

만약 이러한 반사행동이 출생 시 나타나지 않거나 수개월이 지나도 사라지지 않으면 신경계통에 어떤 문제가 없는지를 알아보아야 한다.

신생아에게 대표적으로 나타나는 반사는 다음과 같다(곽금주, 2016; Papalia, Olds & Feldman, 2012; Carlson, 2012; Brazelton, & Nugent, 1995).

(1) 생존 반사

① 빨기 반사(sucking reflex)

무엇이든 입술에 닿으면 힘차게 빨려고 하는 행동이다. 무의식적인 빨기 반사는 생후 1년경부터 사라지기 시작하며, 이후에는 의식적으로 빨게 된다. 빨기 반사는 삼키기 반사와 호흡 이동 시에 이루어져야 하는 상당히 복잡한 반사이다.

② 근원 반사(rooting reflex, 젖 찾기 반사)

근원 반사는 신생아의 볼과 입 주위를 자극하면 그 자극물을 향해 고개와 입을 돌리는 반사이다. 산모가 모유를 주기 위해 젖꼭지를 아기의 입에 갖다 대면 본능적으로 엄마 젖을 빨아대는 행위는 바로 이런 젖 찾기 반사 본능에서 비롯된 것이다. 생후 3~4개월 동안 이런 반사는 계속되며 생후 9개월경 사라진다.

③ 재채기, 하품 반사

재채기 반사, 하품 반사 등은 호흡과 관련된 생존 반사이다. 재채기 반사는 기도를 깨끗이 하는 기능을 하며, 하품 반사는 한 번에 다량의 산소가 요구될 때 산소를 공급하는 기능을 한다.

(2) 원시 반사

① 모로 반사(More reflex)

모로(More)가 발견한 반사행동이다. 신생아의 양팔을 올렸다가 내려놓을 때 잡으려고 안쪽으로 오므리거나, 머리를 잠깐 위로 들어 올렸다가 갑자기 내려놓거나, 아기를 건드렸을 때 또는 외부로부터 시끄러운 소리가 났을 때 팔을 바깥으로 펴는 등의 반사를 말한다. 이 반사운동은 생후 3~4개월부터 사라지기 시작한다.

② 바빈스키 반사(Babinski reflex)

바빈스키(Babinski)가 발견한 반사행동이다. 신생아의 발바닥을 발꿈치에서 발가락 쪽으로 간질이면 엄지발가락은 구부리는 반면, 다른 네 발가락은 부채처럼 쫙 펴는 반응을 보인다. 생후 6~7개월 이후에 서서히 사라진다.

③ 수영 반사(swimming reflex)

신생아를 물속에 넣으면 물 위에 뜨기 위해 적절한 팔다리 운동과 호흡을 한다.

④ 파악 반사(grasping reflex, 잡기 반사)

신생아의 손바닥에 가볍게 자극하면 무의식적으로 손에 닿은 상대방의 손가락을 힘차게 쥔다. 쥔 채로 잡아당기면 쥐는 힘이 더욱 강해져서 두 손으로 매달릴 수 있을 정도로 움켜쥐게 된다. 발은 손가락만큼 예민하지 않지만 다섯 발가락을 모두 오므린다. 생후 3~4개월 이후에는 사라지기 시작한다.

⑤ 걸음마 반사(stepping reflex)

신생아의 겨드랑이를 잡고 살짝 들어 올려 바닥에 발을 닿게 하면 걸어가듯이 무릎을 구부려 발을 번갈아 땅에 내려놓는데, 이것을 걸음마 반사라고 한다.

3) 신생아기와 사회복지 실천의 함의

신생아기의 사회복지 실천은 신생아와 그 가족의 건강, 복지, 그리고 사회적 환경을 지원하기 위해 중요한 역할을 한다. 이 시기는 생물학적, 심리적, 그리고 사회적 발달의 기초가 형성되는 매우 민감한 시기로, 적절한 지원이 이루어지지 않으면 신생아와 가족 모두에게 장기적인 영향을 미칠 수 있다. 이에 따라 신생아기의 사회복지 실천은 다음과 같은 주요 함의를 가진다(박정아, 이승준, 2020; 보건복지부, 2017; 유재균, 정성진, 2019).

(1) 신생아기의 특성과 사회복지 실천의 필요성

- 발달의 민감성: 신생아기는 생리적 안정, 감각적 자극, 부모와의 애착 형성이 중요한 시기로, 이 과정에서 적절한 환경과 돌봄이 필요하다.
- 취약성: 신생아는 환경적 요인에 매우 취약하며, 특히 빈곤, 의료 접근성 부족, 부모의 스트레스 등은 아이의 건강과 발달에 직접적인 영향을 미칠 수 있다.

(2) 사회복지 실천의 주요 접근

① 가족 중심 접근

- 부모의 심리적, 정서적 지원: 출산 후 우울증, 스트레스 등 부모의 정신건강 문제를 예방하고 관리가 필요하다.

- 부모 교육 및 역량 강화: 신생아 돌봄에 필요한 지식과 기술을 제공하여 부모의 자신감을 증진시키도록 한다.
- 가족 내 갈등 관리: 출산 후 가족 내 역할 변화로 인한 갈등을 중재하고 지원한다.

② 의료 사회복지 지원

- 조기 개입 및 예방 서비스: 건강 문제를 조기에 발견하고 필요한 의료 및 재활 서비스를 연결한다.
- 취약계층 지원: 저소득 가정, 한부모 가정 등을 대상으로 의료비 지원 및 사회적 자원을 연계한다.

③ 지역사회 기반 접근

- 지역사회 자원 연계: 보건소, 지역 복지관, 비정부기구(NGO) 등과 협력하여 신생아 돌봄과 가족 지원 서비스를 제공한다.
- 사회적 지지망 구축: 신생아를 키우는 부모 간 네트워크를 형성하여 정보와 정서적 지지를 교환하도록 돕는다.

④ 정책적 접근

- 출산 및 양육 지원 정책 강화: 부모 휴가 제도, 출산 지원금, 보육비 지원 등 제도를 통해 신생아기 돌봄을 촉진한다.
- 복지 사각지대 해소: 소외된 계층이 필요한 서비스를 받을 수 있도록 정책적 노력을 강화한다.

⑤ 실천의 함의

- 통합적 접근의 필요성: 신생아기 사회복지 실천은 의료, 심리, 사회적 지원을 통합적으로 제공해야 한다.

- 문화적 민감성 고려: 각 가정의 문화적 배경과 가치관을 존중하며 맞춤형 서비스를 설계해야 한다.
- 장기적 관점: 신생아기 지원이 아이와 가족의 삶 전반에 긍정적인 영향을 미친다는 점을 인식하고 지속 가능한 지원 체계를 구축해야 한다.

결론적으로 신생아기의 사회복지 실천은 개인, 가족, 지역사회, 국가 차원에서 다각적인 노력이 필요하다. 초기 단계에서의 적절한 개입은 개인의 발달과 가족의 안정성에 중요한 영향을 미치며, 궁극적으로 건강하고 포괄적인 사회를 구축하는 데 기여한다고 볼 수 있다.

3. 영아기

1) 영아기의 발달 특성

(1) 신체 발달

생후 36개월까지 영아의 신체 발달은 급격한 변화를 갖게 되고, 이후 유아기에는 영아기에 비해 성장 속도가 느린 편이나 조직화, 정교화되는 시기이다.

영아는 생후 1년이 되면 출생 시 체중의 약 3배가량 되며, 2년이 되면 출생 시의 약 3.7배로 성인 체중의 1/4이 된다. 출생 시의 신장은 1년이 되면 1.5배가 되며, 2년이 되면 성인 신장의 약 1/2로 성장한다. 신장의 발육은 생후 2년 내의 성장기가 특히 크며, 연령이 낮을수록 그 정도가 심하다.

이 시기에는 키와 몸무게에 있어서 전반적으로 급속히 증가하고, 걷기가 시작되면서 혼자 걷고, 신체의 균형을 유지하면서 안정적으로 달릴 수 있게 되며, 뛰어오르기까지 한다. 이러한 이동 능력이 생기게 되면서 운동능력 면에서 무력하던 영아들은 생후 첫 2년 동안 독립적이고 이동적이 되어간다(장휘숙, 2013; 천은영, 2016).

1세경은 영아들의 행동이 다양해지는데 그림을 그리거나 블록을 쌓거나 혹은 뚜껑을 여는 등의 소근육이 발달하는 행동을 나타난다. 또한 이 시기의 가장 큰 변화 중 하나는 걷기를 통한 이동 능력의 발달이다. 행동 균형을 유지하며 안정적으로 걸을 수 있게 되고, 도움을 받아 계단을 올라갈 수 있으며, 안정적으로 걷는 것을 통해 뒤로 걷기를 해볼 수 있다(이영석, 1998). 이 시기의 영아는 자신이 걷는 바닥표면의 상태를 알고, 그것에 맞게 고르지 않은 바닥에 더욱 주의를 하며 걷는다. 그러나 갑자기 멈추거나 속도를 조절하는 것, 회전하는 것은 어렵기 때문에 넘어지거나 혹은 부딪치기도 한다(강상경, 유창민, 정해숙, 2021).

2세가 되면 신체의 움직임이 더욱 안정되고 성장 속도 또한 완만하게 되며, 균형감이 길러져서 빨리 달릴 수도 있고, 뛰어내리기도 하며 앉고, 서고, 멈추고, 뛰는 등의 발달이 잘 이루어지지만 갑자기 방향을 바꾸게 되면 넘어진다. 한 발로 잠시 설 수 있고 한 계단에 두 발을 모두 디디면서 계단을 오르고 내릴 수 있으며, 물건을 잡을 때 손목을 굽힐 수 있다(류현수 외, 2011). 또한 소근육 기능이 향상되어 작은 물건을 가득 담아보고, 쏟고, 비틀고, 집어 올리는 활동을 즐긴다. 2세 말에는 자주 멈추었다가 다시 출발하며 방향을 바꾸면서 유연하게 걷고 뛸 수 있다(Berk, 2013).

(2) 사회성 발달

영아는 태어남과 동시에 주변 환경이나 타인과의 상호작용을 통해 기본 욕구를 충족시키는 방법과 감정표현을 터득하며, 사회적 규범이나 습관 등에 적응해서 타인과 관계를 맺으며 사회의 일원으로 성장한다(Thompson, 2016; Vygotsky, 1978).

영아의 사회성 발달은 애착 관계 형성, 타인과의 상호작용, 자율성, 자기조절 그리고 친사회적 행동의 발달로 특징을 지을 수 있다. 이러한 사회성 발달은 출생하여 2세경까지 주로 영아를 양육하는 주된 양육자를 중심으로 점차 상호작용의 범위를 확대하면서 발달되고, 1세 이후 혼자 걸을 수 있는 능력이 발달하면서 점차 또래와의 상호작용(Vygotsky, 1978)을 발달시킨다.

1세가 된 영아의 사회적 반응은 양육자 외에 다른 사람과의 접촉이나 관계에 매우 민감하게 반응하다가 점차 양육자와의 관계에서 벗어나게 되면, 친근한 성인이나 형제와 놀이를 함께하기 시작한다. 성인이 하는 간단한 명령과 지시를 따를 수 있고, 간단한 심부름을 수행할 수 있으며(권중돈, 2021), 자신을 인식하는 능력이 발달하면서 자신을 표현하기 시작하며, 또래와의 관계에서 불리한 상황일 때 간단한 언어나 행동으로 자신을 방어하려고 한다. 이 시기의 영아는 감정이 자주 변해 스스로 하기를 원하기도 하고, 성인에게 의존하여 도움을 원하는 상반적인 태도를 취하기도 한다.

1세 말에는 자아개념(Berk, 2013)이 강해지면서 자신의 성에 대한 개념을 형성하며, 2세에는 성이 바뀔 수 없는 것임을 인식하면서 자신과 동성의 부모를 동일시하는 현상이 나타난다. 성은 영아가 매우 일찍부터 인식하고 반응하는 또 다른 사회적 범주이다(Santrock, 2018).

2세가 되면 1세보다 더욱 사회적 존재로서의 자신에 대한 인식이 발달하는데 자신과 타인이 어떻게 다른지 타인과 어떻게 대화를 하고 상호작용을 해야 하는지 등에 대한 사회적 기술을 터득해 나간다. 즉, 자신의 신체적 외모, 성, 행동적 경향, 정서, 능력, 흥미, 목적 등을 포함한 자신에 대한 평가라고 할 수 있는 자아개념이 발달하며, 자아개념에 따라 자아존중감의 정도가 다르게 나타난다(정옥분, 2018). 또한 신체적 발달과 함께 자율성이 생기면서 스스로 이동하고 주변을 탐색하면서 관계를 형성하는 능력이 생긴다.

영아의 소유 개념은 1세경이 되면서 발달하여 자신과 타인의 것을 구분은 하지만 소유욕이 강하여 나누어 갖는 개념이 없다. 2세에는 소유 개념이 좀 더 발달되지만 자기중심적인 경향이 남아 있고, 2세 말경에 이르면 다른 사람의 욕구를 인정하기 시작하며, 규칙과 판단에 대한 개념이 형성되면서 정서적으로 좀 더 여유롭고, 긍정적으로 용납할 수 있는 태도(Thompson, 2016)가 생긴다.

(3) 언어발달

영아기의 옹알이에서 언어발달은 시작되며, 1세에서 2세는 영아의 언어발달이 급속히 이루어지는 시기이다. 이 시기의 영아는 이해하고 표현하고 언어를 사용하는 능력을 발달시킨다. 아기의 언어발달 과정은 대부분 동일하나 언어를 획득하는 시기에는 개인차가 있다(Berk, 2013).

1세 정도에는 의미 있는 첫 단어를 말하게 되며, 이 이후 언어의 발달은 가속화되고, 평균 10개 정도의 어휘를 습득하게 된다. 발달이 빠른 영아들은 두 낱말로 이루어진 어구도 사용할 수 있게 되며 의미를 가진 두세 가지 단어를 연결시킨다. 이때 영아는 많은 어휘가 증가함에 따라 잘못된 발음을 교정해 주면 그대로 따라 할 수 있고, 음성의 크기도 상황에 맞게 조절할 수 있다.

1세 반경까지의 영아들은 동작적 언어를 사용하지만, 2세를 전후하여 급격하게 언어가 증가하게 되면서 2~4단어 문장을 만들고, 2세 말경에는 서투르지만 문법과 규칙에 맞는 문장을 사용하는 능력도 증가한다.

영아는 첫 단어를 말한 이후부터 언어의 발달이 급격히 이루어지며, 2세를 전후로 해서 약 300여 개의 단어를 이해할 수 있고, 약 50개의 단어를 정확히 사용하게 된다. 두 단어 혹은 세 단어로 사물의 이름, 행동 묘사 사건의 반복, 부정 등을 표현하여 영아는 동물의 소리나 물체의 소리, 성인의 언어를 흉내 내려 한다. 이것은 소리를 듣고 구별할 수 있으며, 목소리를 듣고 말하는 사람을 구별할 수 있다는 것을 의미하며, 또한 간단한 지시를 알아듣고 반응할 수 있다는 것을 알 수 있다(Berk, 2013).

1~2세에는 성인과 다르게 어휘를 이해하고 사용하는데, 영아는 처음 어휘를 배울 때의 상황과 연관 지어 생각함으로써 어휘를 축소하기도 하고 확장하기도 한다(곽금주 외, 2004). 예를 들면, '전화기'를 '우리 집 전화기'로만 인식할 수 있다. '전화기'라는 어휘를 처음 배울 때 '전화기'가 우리 집의 상황과 연관이 있었기 때문에 축소해서 인식하는 것이다. 이런 과정을 겪으면서 영아의 어휘 사용은 더욱 정확해지고 폭도 넓어지게 되며, 의사소통 규칙에 대한 이해가 증가하면서 타인과의 대화가 자연스러워지고 원활해진다(주영희, 2001). 이렇게 새로운 상황을 통해 영유아들은 배운 단어의 의미를 확장시키고 축소시키면서 점차 언어를 학습한다(Shonkoff, Phillips, 2000).

2세가 되면 명사와 동사를 사용한 문장을 말하기 시작하여 의문문과 부정문을 만드는 보조 동상 형태를 문장에 사용한다. 그러나 문법에 맞지 않을 때가 많으며, 2세 영아는 말하는 것을 즐기고 사물의 이름 등 새 단어를 배우고 싶어 한다. 또한 네 단어에서 여섯 단어까지 좀 더 긴 문장을 사용하고, 어휘 수는 약 900단어 정도가 된다(Santrock, 2018). 문장 구성기의 시기로 2세 말경까지 기본적 구조를 습득하게 된다. 이렇듯 계속 적으로 언어에 대한 실험을 하며, 이런 과정을 통해 점차 언어를 습득해 나간다. 영아는 배우고 있는 새로운 모든 것에 대한 기쁨을 의사소통하려고 노력하기 때문에 말하는 것을 좋아한다.

(4) 정서발달

정서는 출생 시부터 인간의 행동에 작용하여 그 후 일생 동안 행동의 기저를 이루는 기본요소 또는 개별적인 특성을 말한다(정옥분, 2004). 정서는 자신에게 무슨 일이 일어나고 있는지를 알려주고, 변화된 환경에 적응하도록 도와주며, 의사소통의 기능과 인지적 기능에 영향을 미친다(Thompson, 2016).

정서발달은 기본적인 정서와 자기-인식적인 정서(self-conscious emotions: 자아개념에 영향을 줄 수 있는 수치심, 자부심 같은 정서)의 발달, 타인의 정서를 이해하고 반응하는 것, 그리고 정서적 자기 규제의 발달-자신의 긍정적 또는 부정적 정서를 상황과 상대에 맞게 적절히 표현하는 능력이 첫 3년간 이루어진다(Cassidy & Shaver, 2016).

정서의 개념에 대한 정의는 학자들마다 다르지만 공통점을 찾아보면 정서는 인간이 갖는 매우 개별적인 행동 특성이며, 유아들이 성장 후 필요할 때 학습한다고 하여 되는 것이 아니고, 생득적인 잠재적 기본정서는 어릴 때부터 일상생활에서 타인과의 상호작용을 통해 발달된다.

정서발달은 사회성 발달에 기초가 되므로 영아의 정서와 사회성 발달은 매우 중요하며 서로 밀접하게 연결되어 있다. 영아는 비언어적 의사소통을 통해서 타인과 관계 맺는 타고난 능력을 사용하기 때문에 정서발달에서 빨리 유능하게 되며, 여러 가지 방법으로 점점 더 자신의 반응을 조절할 수 있게 되고, 이해하고, 의사소통할 수 있게 되며, 타인과 깊이 있고 의미 있는 관계를 가지게 된다. 이러한 성취감을 통해서 영아는 인간으로서 일관성 있는 자아에 대한 인식이 발달하고, 친밀하고 안정감 있는 사람들과의 관계 속에서 영아의 정서적 능력이 발달한다(황희숙 외, 2018).

1세에 기본적인 정서가 형성되고, 1세 이후에는 처음의 기본정서 외에 복합적 정서적 반응을 나타낸다. 정서가 분화됨에 따라 영아의 반응 또한 다양하며 미묘해진다. 또한 자아 인식이 강하게 나타나 타인과의 구분이

명확해지면서 독립적인 존재로 행동하게 되며, 이때 자신을 방어하기 위하여 공격성이 나타나기도 한다. 그러므로 자신을 통제하려는 타인과의 관계에서 자신이 의도하는 바가 이루어지지 않은 과정에서 발생하는 마찰을 충동성, 부정, 반항, 분노 등의 공격성으로 나타내는 것이다(정옥분, 2018). 이것은 영아의 독립심이 점차로 증가되고 있음을 의미한다.

1세에는 청각적인 것, 낯선 곳, 어둠 등에 대한 공포를 심하게 느낀다. 또한 1세가 지나면서 애정 표현이 두드러지게 나타나는데 안기기, 뽀뽀하기, 볼 비비기 등과 같은 사랑스러운 표현을 적극적으로 한다. 또한 다른 사람의 정서를 이해하게 되면서, 다른 사람의 감정을 공유할 수 있어 위로하고 도움을 주려고 한다. 1세 말에는 성인이 가진 정서의 대부분을 형성하게 된다. 이 시기에 중요한 것은 주양육자 및 영아 주위의 인적 환경들과 신뢰감을 형성하는 것이다. 이 신뢰감의 형성은 영아가 성장하는 동안 전반적인 발달에 지속적인 영향을 주게 된다. 세상에 대한 신뢰감과 인적환경과의 애착 형성은 영아의 성장 발달을 위해 필수적이다(조희준, 2006).

2세에는 정서가 더 다양해지고 구체적으로 되면서 자신의 정서를 더 잘 인식하게 되고 당황, 애정, 질투심, 저항, 경멸과 같은 정서가 나타난다. 그래서 2세 말경이 되면 당황, 애정, 질투심, 저항, 경멸과 같은 정서가 나타난다. 그래서 2세 말경이 되면 표상과 언어의 획득이 이루어지면서 정서 조절이 이루어진다. 2세의 영아는 자신을 통제한 능력이 생기게 되며, 자신감과 자아존중감이 발달하게 되면서 감정 이입 능력도 생기게 되어 친사회적 행동이 나타나게 된다.

(5) 인지발달

영아기의 발달은 전반적으로 독립적인 발달을 이루는 것이 아니라 다른 발달과의 상호작용을 통하여 이루어지며, 영아의 인지발달은 신체 발달, 감각·지각 발달, 정서적 안정과의 밀접한 관계 속에서 더욱 정교하게 이루어진다. 또한 영아에게 적절한 인적, 물적 환경들과의 상호작용을 통해 스스로 탐색하고, 사고하고, 선택하고, 경험하는 과정을 통해 영아의 인지발달은 이루어지게 된다(Lillard, 2005).

초기 인지발달의 흥미로운 점은 영아가 익숙한 것을 인식하고 좋아하지만 새로운 정보에 도전적이며 흥미로워한다는 것이다. 정보를 인식하고 정서적으로 반응하며, 학습하는 능력은 서로 연관되어 있으며, 영아는 쉽거나 너무 어려워서 불가능해 보이는 과업에 대해서는 흥미를 나타내지 않는다. 예를 들어, 탐색을 해보도록 하는 놀잇감 제공은 놀잇감을 재밌는 것으로 인식하게 된다. 기억은 놀잇감을 생각나게 하고 영아는 기억을 통해 놀잇감이 좋았으면 기쁨을 느끼고, 놀잇감을 통해 두려움을 느꼈던 기억을 통해 감정을 경험하게 된다. 이러한 사건을 상호작용 자극(interactive stimulus)이라 하며, 이러한 사건이 일어날 때 인지적 과정(cognitive process) 또한 일어난다. 영아는 정서적 반응과 인지적 이해를 근거로 하여 행동으로 반응한다. 이렇게 상황이 정서적, 인지적 반응을 일으킬 때 학습이 일어난다(Berk, 2013).

1~2세의 인지적 특징은 지연된 모방(deferred imitation), 사물 영속성(object permance), 가상놀이(pretend play)와 상징놀이(symbolic play)의 출현 등으로 요약할 수 있다(Gionik, Meltzoff & Kuhl, 1999). 또한 1~2세의 영유아는 오감각을 통해 환경을 탐색한다. 감각을 통한 탐색으로 그들은 자기 자신에 관한 개념을 발달시키고, 자기 자신의 한계를 알기 시작하며 추론 능력이 시작되었다는 증거도 나타난다(Piager, 1952). 또한 주변 세계에 대한 지식을 구성 및 조직하고 물체를 분류하기 시작하며, 수·양·시간과 공간에 대해서 매우 제한적 개념을 발달시키기 시작한다(Wilson, 1986). 이때 영아는 언어와 상징을 사용하여 사고와 기억, 상상하기를 시작한다. 언어는 사고, 감정과 행동을 조직할 수 있도록 돕는다.

2) 영아기와 사회복지 실천의 함의

영아기의 사회복지 실천은 영아의 건강한 성장과 발달을 지원하는 데 중점을 둔 중요한 분야이다. 영아기는 출생부터 만 2세까지로, 이 시기는 신체적, 정서적, 사회적, 인지적 발달이 급격히 이루어지는 시기로, 적절한 개입과 지원이 아동의 평생 발달에 중요한 영향을 미친다. 이에 따라 영아기의 사회복지 실천은 다음과 같은 주요 함의를 가진다(Graham & Harris, 2014).

(1) 안정된 양육 환경 조성

영아기는 신뢰감 형성이 중요한 시기이다. 이를 위해 안정적이고 일관된 양육 환경을 제공하는 것이 핵심이다.

- 부모와 보호자 지원: 양육 스트레스 감소, 양육 기술 교육, 정서적 지지를 통해 보호자가 안정감을 유지하도록 돕는다.
- 안전한 환경 제공: 신체적 학대와 방임 예방, 가정 내 안전성 강화에 중점을 둔다.

(2) 부모-자녀 관계 강화

영아기의 애착 형성은 이후 정서적 안정과 사회적 관계 형성에 영향을 미친다.

- 애착 촉진 프로그램: 부모와 아동 간 상호작용을 개선하기 위한 놀이치료, 애착 기반 교육을 제공한다.
- 부모 역량 강화: 부모가 영아의 신호를 민감하게 인식하고 적절히 반응할 수 있도록 돕는다.

(3) 발달 지원 서비스

영아의 신체적, 인지적, 사회적 발달을 촉진하기 위한 서비스가 필요하다.

- 조기 개입 프로그램: 발달 지연이 의심될 경우 조기 개입을 통해 문제를 완화하거나 예방한다.
- 교육 및 놀이 프로그램: 발달 단계에 적합한 놀이와 학습 기회를 제공한다.

(4) 건강 관리 및 영양 지원

영아기의 건강은 발달의 기초가 된다.

- 정기 건강 검진: 성장 모니터링과 예방 접종을 통해 질병을 예방한다.
- 영양 프로그램: 수유 및 이유식 지침 제공, 저소득 가정에 영양을 지원한다.

(5) 취약계층에 대한 특별 지원

특히 취약한 환경에 있는 영아에게는 추가적인 배려가 필요하다.

- 저소득층 지원: 재정적 지원, 보육 서비스를 제공한다.
- 위기 가정 개입: 가정 폭력, 부모의 정신건강 문제 등으로 인해 위기에 처한 영아를 보호하고 개입한다.

(6) 지역사회와의 협력

영아기 복지 실천은 부모, 가족, 지역사회, 그리고 정부의 협력이 필요하다.

- 커뮤니티 네트워크 구축: 지역사회 내 지원 네트워크를 활성화하여 가족이 필요한 자원을 쉽게 접근할 수 있도록 지원한다.

- 정책 개발 및 옹호: 영아기 복지와 관련된 정책을 개발하고 실행하도록 정부와 협력한다.

(7) 문화적 민감성 및 다양성 존중

다양한 문화적 배경을 가진 가족에 대해 민감하게 접근하며, 각 가족의 고유한 가치와 양육 방식을 존중한다.

따라서 영아기의 사회복지 실천은 아동의 권리 보장과 잠재력 실현을 위해 필수적이다. 적절한 개입과 지원을 통해 아동이 건강하고 행복한 삶을 시작할 수 있도록 돕는 것이 사회복지의 중요한 목표이다.

4. 유아기

1) 유아기의 발달 특성

유아기의 환경과 경험은 이후 발달의 기초가 되며 지적 발달을 도모하고 잠재력을 키울 수 있다. 어릴 때 경험이 풍부하면 학습의 잠재 가능성 역시 풍부해지지만 그렇지 못할 경우 발달상 손상이 나타난다. 따라서 유아기는 각 영역과 발달 속도 및 시기에 맞는 적절한 자극을 경험해야 한다. 정해진 시기에 제대로 발달이 이루어지지 않으면 다음 단계로의 진입이 어려우므로 어릴 때부터의 유아의 발달 상태를 잘 관찰하여 제때 필요한 도움을 제공해야 한다. 다음은 유아기의 발달적 특성에 대해 알아보고자 한다(Berk, 2013; Santrock, 2018; Thompson, 2014).

(1) 신체 및 운동 발달

신체 발달은 성격 · 인지 · 정서와 같은 여러 발달 영역의 기초가 되는 것으로 모든 발달의 출발점이라 할 수 있다. 특히 신체 및 운동능력의 발달은 유아의 사회생활을 전개하는 데 있어 중요한 기반이 될 뿐 아니라 정신발달과 밀접한 관련을 갖고 있다.

유아기의 신체적 발달은 영아기만큼 급속도로 빠른 신체 변화가 이루어지지 않는다. 그러나 유아들은 경험을 통해서 자신의 신체를 통제하는 기술을 점차 발달시켜 가고 자신들이 할 수 있는 일들을 탐색해 간다. 이러한 행동은 호기심을 충족시킬 뿐 아니라 신체 조절 능력을 더욱 발달시킨다. 유아기는 대소근육이 발달하고 신체의 균형 유지 및 각 부분의 협응력 등 기초적인 협응력이 발달하는 시기이다. 이 시기의 유아들은 주도적으로 행동을 모방할 뿐 아니라 유능하고 생산적인 개인이 되기 위해서 다양한 운동 기술들을 습득해 가며 자신의 몸을 사용하는 활동에 적극적으로 참여함으로써 성취감과 경쟁심을 배우고 발달시킨다.

유아기 운동 발달의 특징은 전신운동의 기본인 보행 운동의 발달, 여러 가지 자세와 전신운동, 그리고 손끝의 섬세한 조작적인 능력의 발달을 들 수 있다.

(2) 사회성 발달

인간은 태어나면서부터 다른 사람과 관계를 맺으면서 사회성이 발달된다. 사회성은 유아가 사회의 한 구성원으로서 성장 · 발달하는 동안에 그 사회에서 공인된 생활양식을 학습하여 타인과의 상호접촉을 통한 건전한 사회생활을 할 수 있는 성향을 의미한다. 유아기의 사회성 발달은 성인이 되었을 때의 사회적인 관계와 사회적 행동 등의 기초가 되는 것으로 한 개인의 행복한 삶의 가장 중요한 구성 요소이다. 특히 유아기는 자신을 정의할 때 연령, 성, 크기 등과 같은 전체적인 범주 속에 넣어서 표현하는 범주적 자아가 발달한다. 자아개념은 3~4세에 확장되어 소유 개념으로 표현된다. 이 시기의 유아에게 교사나 부모는 소유물을 나누어 가지라고 하기보다는 유아의 소유를 인정해 주고 다른 사람에게 잠시 동안 빌려주기를 권하는 것이 바람직하다. 4~5세에 이르면 자신을 탐색하고 자신의 능력이나 한계를 확인하려고 한다. 3~5세의 시기의 유아 놀이는 연합놀이, 협동 놀이와 더불어 단독놀이, 병행 놀이가 상당히 고정적으로 나타난다. 유아기에는 영아기의 사회적 표현행동 애착 및 자아 인식을 기초로 사회적인 관계를 확장해 간다. 유아는 다양한 사회적 관계 속에서 친사회적 행동, 공격성, 성역할, 도덕성 등을 발달시켜 간다.

(3) 정서발달

정서는 인간이 내면으로 느끼는 어떤 것으로 특정한 동기 유발적 특성이 있어서 인간의 지각을 조절하는 안내 역할을 한다. 유아는 경험과 교육을 통해서 인간의 다양한 정서에 대한 이해 및 표현 능력을 향상시키고 감정을 이입하면서 정서를 적절하게 조절하는 능력을 발달시켜 나간다. 이러한 정서발달은 인간관계의 질과 방향에 긍정적인 영향을 준다(Thompson, 2016).

유아기는 즐거움과 불쾌라는 단순한 정서의 표현으로 나타났던 영아기에 비해 매우 복잡한 정서의 표출이 가능할 정도로 분화된다. 유아기에 발달적으로 나타나는 공통적인 정서는 기쁨, 불안, 공포, 분노, 애정, 질투 등이다. 3세 유아는 다른 유아를 도와주거나 나누기 및 위로하기를 할 수 있다. 유아는 영아보다 다양한 상황에서 기쁨을 느끼며 감정표현도 미소, 웃음, 언어 등으로 좀 더 세련되게 표현한다. 물론 때로는 시끄럽게 소리를 지르거나 손뼉을 치기도 한다(정옥분, 2018).

이 시기의 유아는 화가 나면 분노의 감정을 떼쓰기로 표현한다. 울고, 소리 지르고, 발을 구르고 바닥에 누워 몸을 뒹구는 등의 떼쓰기 행동은

3~4세경에 심하게 나타난다. 4세가 되면 분노가 다른 유아의 신체적 공격으로 나타나는 경우도 있으나 대부분의 유아들은 노려보거나 단호한 언어표현으로 분노를 표출하게 된다.

(4) 인지발달

인지란 앎에 이르는 인간의 정신적 사고 과정과 그 산물, 즉 기억, 상징화, 범주화, 문제해결, 창의성, 환상 등의 모든 정신활동을 의미하는 광범위한 개념이다. 언어능력을 비롯하여 다양한 기억 및 지각 능력과 같은 인지 능력의 발달은 유아의 학습에 있어 중요하다.

유아기에는 지능, 기억, 개념, 창의성 등의 각 인지적인 영역의 발달로 인해 다양한 지식이 획득될 뿐 아니라 사고력이 향상된다. 유아기는 지적인 발달에서 전조작적 단계에 속하는 시기로, 주변 환경에서 경험하는 사물과 대상에 대해 상징과 상상을 표상하는 능력이 발달하는 시기이다. 즉 언어나 그림을 이용한 상징적 사고가 가능해지면서 행위를 언어로 표현하고 이해하게 된다. 이 시기의 사고 특성을 살펴보면 다음과 같다.

첫째, 타인의 생각, 감정, 지각, 관점 등이 자신과 동일하다고 생각하는 자아 중심성을 보인다. 둘째, 한 번에 하나의 상황에 대해서만 생각하고 다른 부분은 동시에 고려하지 못하는 중심화적인 특성이 나타난다. 셋째, 일련의 단계 등을 이해하고 그 단계를 정신적으로 처음으로 되돌아가서 사고하지 못하는 비가역적인 사고이다. 넷째, 물질의 양, 수, 길이, 면적 등은 형태나 위치와 같은 외양을 바꾸더라도 양적 속성이나 실체는 변하지 않는다는 보존개념이 형성되어 있지 않다. 다섯째, 생명이 없는 대상에게 생명과 감정을 부여하고 세상의 모든 사물에 생명이 있다고 생각하는 물활론적 사고를 보인다.

(5) 언어발달

유아기 언어발달의 특징을 살펴보면, 이 시기의 유아들은 문법에 대한 규칙을 이해하고 적용할 수 있게 된다. 그래서 3~4세가 되면 3~4개의 단어로 문장을 구성하는데 대명사, 조사, 형용사, 부사를 포함한 복합문장을 사용하게 된다. 4~5세가 되면 4~5개의 단어를 가지고 문법적으로 정확한 문장을 사용하며 대부분의 기본 언어규칙을 터득하여 쉽게 다어문을 말할 수 있다. 한편 어휘의 획득은 급속도로 증가하여 2세에는 25개 정도, 3세에는 약 600개, 5세 이후에는 2,000개 이상의 어휘를 획득하게 된다(Piaget, 1926).

문어는 유아가 인쇄 글자 유형을 구별하고 인쇄 글자가 어떻게 왜 사용되는가를 이해하기 시작하는 3세경에 습득한다. 4세경이 되면 기호나 인쇄 글자에 흥미를 갖게 되고 점차 자기에게 친숙한 글자를 읽기 시작한다. 5세 유아는 흔히 몇 가지를 읽을 수 있는데 쓰기 발달의 단계 및 특징을 보면 2~3세 유아는 쓴 것과 그린 것을 구별한다. 3~4세에는 긁적거리기 단계로 자기 이름에 있는 글자를 배우고 간혹 어떤 글자를 써 달라고 요구한다. 4~5세에는 여러 가지 글자 놀이를 즐기며 자기 이름을 쓸 줄 안다. 5세가 되면 여러 가지 상황에 맞는 글이 있음을 알고 간단한 단어를 쓸 수 있다.

2) 유아기와 사회복지 실천의 함의

유아기는 인간 발달의 초기 단계로, 신체적, 인지적, 사회적, 정서적 발달이 급격히 이루어지는 시기이다. 이 시기의 사회복지 실천은 유아의 전인적 발달을 지원하고, 건강하고 안정적인 환경을 제공하며, 다양한 발달적 필요를 충족시키는 데 중점을 둔다. 이에 따라 유아기의 사회복지 실천은 다음과 같은 주요 함의를 가진다(Shonkoff, Phillips, 2000).

(1) 아동 권리 보호 및 옹호

아동권리협약에 기반하여 유아의 생존권, 보호권, 발달권, 참여권을 보장해야 한다.

학대, 방임, 빈곤 등 유아의 건강과 안전을 위협하는 요소로부터 보호하는 데 중점을 둔다.

(2) 가족 중심 접근

유아 발달에 있어 가족은 핵심적인 역할을 한다. 부모와 가족 구성원을 대상으로 한 교육, 상담, 지원 서비스를 제공함으로써 양육 역량을 강화해야 한다. 가족 문제(빈곤, 부부 갈등 등)를 해결하기 위한 복지 자원 연계도 중요하다.

(3) 통합적 발달 지원

유아의 신체적, 정서적, 사회적, 인지적 발달을 통합적으로 지원하는 프로그램이 필요하다.

예 놀이치료, 언어발달 지원, 정서적 안정 프로그램 등

(4) 취약계층 아동 지원

소외계층(저소득층, 이민 가정, 한부모 가정 등) 유아에 대한 차별 없는 서비스 제공이 필수적이다.

공공 보육 서비스 확대, 급식 지원, 의료 서비스 접근성 개선 등이 포함된다.

(5) 지역사회와의 연계

지역사회의 유관기관(어린이집, 유치원, 보건소 등)과 협력하여 유아와 가족이 필요한 자원을 쉽게 이용할 수 있도록 해야 한다.

지역 네트워크를 통해 유아 복지를 위한 통합 서비스 체계를 구축한다.

(6) 예방적 접근

발달적 위험 요인을 사전에 발견하고 개입하는 예방적 프로그램이 중요하다.

예 예방 접종, 정기 건강 검진, 발달 지연 조기 발견 프로그램

(7) 문화적 민감성 고려

다양한 문화적 배경을 가진 유아와 가족의 특수성을 이해하고, 이를 반영한 맞춤형 서비스를 제공해야 한다.

예 이민자나 다문화 가정에 대한 언어 지원 및 문화적 적응 프로그램

(8) 보육 환경 개선

양질의 보육 환경을 제공하는 것은 유아 복지의 핵심이다.

보육 시설의 물리적 환경, 교사의 전문성, 프로그램의 질적 향상 등이 중요하다.

(9) 정책적 함의

유아 복지를 위한 법적·제도적 기반을 강화하고, 국가와 지역 차원에서 안정적인 예산을 확보해야 한다.

유아 복지와 관련된 연구와 실천 간의 연계를 통해 효과적인 정책과 프로그램을 개발한다.

(10) 유아의 목소리 반영

유아 역시 자신의 필요와 감정을 표현할 수 있는 권리가 있다. 이를 존중하며, 유아의 참여를 지원하는 환경을 조성해야 한다.

따라서 유아기의 사회복지 실천은 가정, 지역사회, 보육 및 교육기관 등 다양한 환경과 연계하여 이루어져야 한다. 유아를 둘러싼 환경 모두가 상호작용하며 아동의 발달에 영향을 미치므로, 보건, 교육, 복지의 통합적 서비스가 필요하다.

03 Chapter

인간의 성장과 발달 : 아동기

1. 아동기의 발달적 특성

아동기의 발달은 시간이 경과함에 따라 아동이 양적 또는 질적으로 변화하는 과정이다. 양적인 변화는 신장, 체중, 어휘력에서 보이는 변화와 같이 크기 또는 양에서의 변화를 의미하고 질적인 변화는 지능의 본질이나 정신작용에서의 변화와 같이 본질, 구조 또는 조직상의 변화를 의미한다(Santrock, 2018).

1) 신체 발달

아동기의 신체 발달 속도는 다소 완만하지만 신체 비율은 거의 성인과 유사해진다. 이와 아울러 대근육과 소근육도 더욱 강하고 정교하게 발달한다. 팔다리의 성장이 몸통의 성장보다 빨라서 학령기 아동의 전형적인 신체 특징인 팔다리가 가늘고 긴 모습을 보이게 된다.

대근육과 소근육의 기본적 운동기능은 7세경이면 거의 발달하며, 이후에는 기존의 운동능력이 더 빠르고 정교하게 발달한다. 기본적 운동능력인 던지기, 뛰어오르기, 달리기 능력이 더욱 발달하며, 이를 결합하여 게임으로 발전시켜 나간다.

협응능력 발달의 가장 좋은 지표인 공놀이의 경우, 연령이 증가함에 따라 공을 보다 멀리 던지고 보다 잘 받을 수 있게 된다.

현대사회의 아동은 대부분 운동량이 부족하다. 학교도 멀지 않고 방과 후 시간도 신체적 놀이 대신에 조용한 학습활동으로 이루어진다.

그러나 규칙적인 운동은 아동에게 많은 이점을 가져다준다. 인내심이 길러지고, 잠버릇이 좋아지며, 비만 예방에도 도움이 된다. 또한 심장질환은 예방해 줄 뿐만 아니라 학습 능력도 증진시켜준다.

2) 인지발달

이 시기의 아동기는 유아기에 비해 인지 능력에서 상당한 발전을 보인다. 좀 더 세련된 방법으로 상징을 사용하고 논리적으로 생각할 수 있으며, 사물의 한 측면에만 집착하지 않고 여러 측면을 고려하여 결론을 이끌어낼 수 있다. 동시에 타인의 관점을 이해하게 된다.

또한 아동기는 유아기의 직관적 사고에서 논리적 사고로, 중심화 현상에서 탈중심화로 비가역적 사고에서 가역적 사고로 변하게 된다. 그러나 아동기의 사고는 구체적인 것, 자신이 직접적으로 경험한 세계에 한정되며 추상적이고 가설적인 개념을 이해하는 데는 한계가 있다.

3) 사회성 발달

만 6세부터 만 12세까지의 아동기는 사회성 발달의 중요한 시기이다. 이 기간 동안 자녀들은 학교와 가정에서 다양한 경험을 통해 사회적 기술을 배우고 발전시킨다. 부모와 교사들은 이러한 과정을 지원하고 도와주어 자녀들이 건강하고 긍정적인 사회성을 발달시킬 수 있도록 해야 한다.

아동기의 사회성 발달은 그들이 성인이 되어 사회에 적응하는 데 큰 영향을 미치게 된다. 이 기간 동안 자녀들은 사회적 상호작용을 통해 자신의 감정을 이해하고 표현하는 법을 배우게 된다.

사회성 발달은 아동기 자녀들이 다른 사람들과의 관계에서 필요한 기술과 태도를 배우는 것을 의미하며 이는 자기 통제, 동료와의 협력, 갈등 해결 능력 등을 포함한다.

만 6세~8세까지 시기는 사회성 발달의 초기 단계로, 아동기 자녀들은 사회적 규범 및 상호작용을 습득하는 기간이다. 이 기간 동안 자녀들은 주변 환경에서 다양한 사회적 상황을 경험하며, 이를 통해 사회적 기술을 점차적으로 발전시킨다. 예를 들어, 가정이나 학교에서의 그룹 활동이나 놀이를 통해 자녀들은 친구들과의 대화, 협력, 갈등 해결 등의 사회적 기술을 습득하게 된다.

만 8세~10세까지 시기는 사회성 발달의 중간 단계로, 이때 자녀들은 학교생활에 점차적으로 적응하고 동료들과의 관계를 형성하는 데 중요한 시기를 보낸다.

만 10세~12세까지 시기는 사회성 발달의 고급 단계로, 이때 자녀들은 동료들과의 관계에서 자신의 역할을 더욱 명확히 이해하게 된다. 그들은 사회적 책임감을 느끼고 다른 사람들과의 관계에서 자신의 의견이나 입장을 적극적으로 표현하는 법을 배우게 된다. 또한 이러한 기간에는 자녀들이 자신의 감정을 인식하고 표현하는 데에도 능숙해지는 과정을 거치게 된다. 이러한 경험들을 통해 자녀들은 사회적으로 성숙해지고, 미래에는 다양한 사회적 상황에서 스스로를 잘 표현하고 대처할 수 있는 능력을 갖추게 된다(Berk, 2013).

4) 정서발달

정서의 분화, 정서의 표현, 타인의 정성에 대한 인식, 정서의 원인에 대한 이해, 정서 조절 등 정서와 관련된 발달이 생애 초기에 집중적으로 조명된다. 특히 또래 관계 등 인간관계의 중요성이 대두되는 초등학교 시절은 아동의 정서 능력 형성에 매우 중요한 시기가 된다. 초등학교 저학년 아동에게서 나타나는 정서적 특성으로, 비판과 조롱에 민감하고 실패에 적응하는 데 어려움을 겪으며 교사의 관심을 끌고자 노력하고 다른 사람의 감정에 민감해지는 점을 들 수 있다(Berk, 2013). 이 시기의 아동은 학교 학습을 처음으로 경험하게 되며 읽고 쓰는 법을 배우는 데 집중하지만 이에 진전이 없을 경우 좌절하기 쉽고, 학교 교육에 대한 초기의 태도나 집단에서의 초기 역할 형성이 이후 지속적인 패턴으로 자리 잡을 수 있다.

한편, 고학년으로 갈수록 아동은 전반적으로 안정된 자아상을 만들어 나가지만, 파괴적인 가족관계, 사회적인 거부, 학교에서의 실패 경험 등은 아동의 비행과 범죄 행동과 연관이 되고, 특히 범죄행위는 아동기에 역기능적 부모-자녀 관계에서 초래되어 강화될 가능성이 높다. 또한 고학년 시기의 아동은 교사에 대한 존경심이 줄어들고 또래 집단의 영향력이 더욱더 강해지는 특성을 보인다.

한편 아동기 정서 문제 중 분노와 적대감(공격성)은 초등학교 아동의 정서적 안정과 적응에서 매우 중요한 역할을 한다. 분노와 적대감(공격성) 등의 부정적 정서를 지나치게 억압하거나 폭발시키는 반응은 다양한 부작용과 문제 행동으로 발전할 수 있다. 따라서 이를 잘 관리하고 조절하며 적절하게 표현하는 능력의 발달이 학령기 정서적 안정과 건강한 발달에 매우 중요한 기능을 하게 된다. 분노와 공격 정서의 조절과 통제 및 건강한 표현 능력 발달의 지체나 문제는 자신에게 혹은 타인에게 다양한 피해와 손상을 가져올 수 있다(김광수, 2008).

2. 아동기와 사회복지 실천의 함의

아동기의 사회복지 실천은 아동의 전인적 발달과 복지를 지원하기 위해 다양한 방식으로 이루어져야 한다. 이 시기는 신체적, 정서적, 사회적, 인지적 발달이 급격히 이루어지는 시기로, 아동의 권리와 복지를 중심으로 한 실천적 접근이 중요하다. 이에 따라 아동기의 사회복지 실천은 다음과 같은 주요 함의를 가진다(McDevitt, Ormrod, 2013).

1) 아동 권리 중심의 접근

아동은 독립된 권리 주체로서, 생존권, 보호권, 발달권, 참여권을 보장받아야 한다.

유엔아동권리협약(UNCRC)에 따라 아동이 차별 없이 권리를 누릴 수 있도록 실천이 이루어져야 한다.

2) 가족과의 협력

가족은 아동의 주요 양육 환경이므로, 가족을 지원하고 강화하는 프로그램이 필요하다.

부모 교육, 가족 상담, 경제적 지원 등을 통해 가족의 기능을 개선함으로써 아동복지를 증진시킬 수 있다.

3) 다학문적 접근

아동의 복잡한 요구를 충족하기 위해 사회복지사, 교사, 심리상담사, 의료진 등이 협력하여 종합적인 서비스를 제공해야 한다.

문제를 조기에 발견하고 적절히 개입하기 위해 통합적 사례 관리를 활용할 수 있다.

4) 취약계층 아동에 대한 집중 지원

빈곤, 학대, 방임, 이주 배경 등으로 어려움을 겪는 아동에게는 맞춤형 지원이 필요하다.

지역사회 내 자원 연계와 보호 체계 강화를 통해 이들의 권리와 복지를 보호해야 한다.

5) 발달단계에 적합한 접근

아동의 발달단계에 따라 적합한 서비스와 프로그램을 제공해야 한다.

- 유아기: 기본적인 보호와 애착 형성을 중시한다.
- 학령기: 교육적 지원과 사회성 발달을 촉진한다.
- 사춘기 초반: 정서적 안정과 자기효능감을 증진한다.

6) 아동 참여와 의사 표현 존중

아동의 목소리를 듣고 의사결정 과정에 참여시키는 것이 중요하다.

아동의 관점에서 문제를 이해하고 그들의 의견을 반영하는 실천이 필요하다.

7) 지역사회와의 연계

지역사회가 아동의 성장과 발달을 지지할 수 있도록 환경을 조성해야 한다. 지역 내 학교, 복지기관, 자원봉사 단체와의 협력을 통해 아동과 가족에게 지속 가능한 지원을 제공할 수 있어야 한다.

8) 예방 중심의 접근

문제 발생 후 개입보다는 예방적 접근이 강조되어야 한다.

학교 내 폭력 예방 프로그램, 정서적 발달 촉진 활동, 건강한 생활 습관 형성 등이 포함되어야 한다.

9) 정책적 지원과 옹호

아동복지 관련 법률과 제도의 개선을 위해 옹호 활동이 필요하다.

아동복지 서비스를 안정적으로 제공하기 위한 예산 확보와 정책적 지원이 이루어져야 한다.

따라서 아동기의 사회복지 실천은 단순히 문제해결에 그치지 않고, 아동이 건강하고 행복한 삶을 살 수 있도록 다각적인 지원을 포함해야 한다. 이는 개인적 차원의 개입뿐만 아니라, 가족, 지역사회, 국가의 역할을 포괄적으로 고려하는 총체적 접근을 요구한다.

04 Chapter

인간의 성장과 발달 : 청소년기

1. 청소년기의 발달 특성

청소년 시기는 사회적·문화적인 환경에 따라서 아주 다양하게 정의될 수 있다. 그러나 공통적인 개념으로는 의존적인 아동기에서 독립적인 성인기로 넘어가는 과도기의 시기로 보고 있으며, 아동과 성인의 심리적인 특성을 동시에 공유하고 있다는 특징이 있다. '제2의 탄생기'라고도 불리는 이 시기는 신체적, 심리적, 정서적, 사회적, 영적으로 다양한 발달적 특성을 가진다. 이는 다른 생애 주기보다 더 많은 중요성을 가지고 있는데, 부모의 보호에서 벗어나 자조적이고 자율적인 성인기로 가는 시기인 만큼 이 시기의 발달 단계는 성인기에 매우 큰 영향을 줄 수 있다. 청소년기는 단순하게 스쳐 지나갈 하나의 단계가 아니다. 이들만의 독특한 발달적 특성과 요구에 따라 특별히 관심을 가질 필요가 있다. 여기서는 청소년기의 발달적 특성에 대해 알아보고자 한다(임상록 외, 2010; 백사인 외, 2015; Steinberg, 2014).

1) 신체적 특성

청소년기의 신체적 특성으로는 호르몬의 변화로 인한 신장과 체중의 증가, 이차 성징으로 인한 성적 성숙이 있다. 남자 청소년의 경우 안드로겐과 테스토스테론의 분비로 외부 생식기와 신장의 변화가 일어나며 변성기를 겪게 된다. 여자 청소년의 경우 에스트로젠과 프로게스테론이 분비되며 자궁과 가슴이 발달하고 뼈대가 변화된다. 이러한 호르몬의 분비는 청소년기에 신체적, 생리적인 발달에 중요한 역할을 하고 이차 성징이 나타날 수 있도록 하는 데 중요한 계기가 된다.

신체적 특성의 변화는 청소년에게 많은 영향을 미친다. 자기 신체에 대한 관심을 높이며 열등감을 갖게 하고, 성적 욕구와 성역할 및 성 정체감의 심리·사회적 과제를 부여하기도 한다. 이성에 대한 호기심도 있으나 학업을 중시하는 가정 환경과 사회적 역할 기대로 인해 이에 대해 적절한 성 정체감 및 정서적 대응을 하지 못하는 경우도 있다(고명수 외, 2010).

2) 심리적 특성

청소년의 심리적 발달 특성으로는 자아 정체감 형성 및 위기, 자기중심적 특성, 도덕적 사고의 발달, 사회적 이해력 발달 등이 있다. 이 중 가장 중요한 것은 자아 정체감의 형성이다. 이는 청소년기 획득해야 할 가장 중요한 과업으로 자신이 가진 여러 지위나 역할, 시간과 관계없이 일관되고 연속된 모습을 갖는 것을 의미한다. 이 시기 정체감이 제대로 형성되지 못할 경우 있는 그대로의 자신을 수용하지 못하고 미래에 대한 불안과 자기 잠재력에 대한 불신이 자리 잡을 수 있다. 한 개인의 삶에 심각한 심리적 장애를 불러일으킬 수도 있으므로 가장 관심 있게 지켜보아야 할 요소이다(백사인 외, 2015).

3) 정서적 특성

청소년기는 정서적 안정과 조절이 아직 확립되지 않은 시기이므로 다양한 동요와 어려움을 겪을 수 있다. 또한 정서를 자극하는 대상이 처벌이나 열등감 등 불쾌한 정서 자극에서 죽음이나 친구 상실, 부모의 싸움과 학교에서의 실패 등 무능력과 불안정을 일으키는 것으로 변화한다. 이들은 정서적 표출이 제대로 이루어지지 않아 의식적으로 억제될 수 있으며, 이때 정서적 해소가 제대로 이루어지지 않을 경우 심각한 위험으로

이를 수 있다. 정서 자극을 받는 요인 또한 개인에 따라 차이가 있다(백사인 외, 2015).

4) 사회적 특성

청소년 시기는 보호받던 아동기에서 독립적인 성인기로 넘어가는 시기인 만큼 사회적으로 자율성과 독립성을 획득하기 위한 시도를 하게 된다. 부모와의 정서적 유대는 지속하며 또 다른 독특한 한 사람으로 인식해 가는 심리적인 과정을 거치게 되는데, 이때 개별화로 인해 애착 대상이 부모에게서 친구로 전환된다. 동성 또는 이성 친구 등 또래에 몰입하게 되고, 비슷한 상황과 경험을 지닌 친구와의 관계에서 사회적 지지를 얻게 되는 것이다. 따라서 이 시기 또래는 아주 중요한 역할을 하며, 이를 기준으로 자신의 이미지나 정체감을 판단하기도 한다(고명수 외, 2010).

2. 청소년기의 주요 발달 과업

청소년기는 개인의 발달 과정에서 중요한 단계로, 여러 가지 발달 과제를 수행해야 한다. 청소년들이 이 과제들을 성공적으로 이행하면, 이들은 성인이 될 준비가 된 것이다. 청소년기의 주요 발달 과제는 다음과 같다.

1) 자아 정체성 형성

청소년기는 자신이 누구인지, 어떤 가치를 가지는지, 어떤 미래를 갖고 싶은지에 대해 깊이 고민하는 시기이다. 이 과정에서 청소년들은 자신의 독특한 신분, 가치, 목표를 탐색하고 확립한다. 이 과제는 에릭 에릭슨이 제시한 심리 사회적 발달 이론에서 중요한 위치를 차지하고 있다.

2) 성 정체성의 발달

청소년기에는 청소년들이 자신의 성 정체성을 이해하고 받아들이는 과정을 겪게 된다. 이는 자신의 성별, 성적 지향성, 성적 행동 등에 대한 인식과 표현을 포함하며, 또한 이에 따른 사회적인 반응과 대응을 학습하는 것을 의미한다.

3) 자립성 발달

청소년기는 부모로부터 점차 독립하고 자신의 삶을 주도하려는 기회를 제공한다. 이 과제는 결정을 내리는 능력, 자기 관리 능력, 감정 관리 능력 등 다양한 개인적, 사회적 능력을 개발하는 것을 포함한다.

4) 동료 관계의 발달

청소년기는 친구와 동료에 대한 의존도가 증가하는 시기이다. 이는 청소년들이 동료 관계를 통해 사회적 기술을 배우고, 동료들과의 상호작용을 통해 자신의 정체성을 더욱 확립하는 과정을 의미한다.

5) 학업과 직업에 대한 준비

청소년기는 개인의 진로 선택에 대한 기반을 마련하는 시기이다. 이 과정에서 청소년들은 자신의 관심사와 능력, 가치를 탐색하고, 이를 통해 자신의 진로와 직업에 대한 준비를 한다.

3. 청소년기의 정신건강 문제

청소년기는 성장과 변화가 급격히 일어나는 시기로서, 이는 청소년들이 다양한 정신건강 문제에 직면하게 될 수 있는 여러 요인을 만들어 낸다. 청소년기에 자주 발견되는 몇 가지 주요 정신건강 문제는 다음과 같다.

1) 우울증

청소년기 우울증은 심각한 문제로, 학업성적 하락, 사회적 고립, 자해 행동, 자살 생각 등의 현상을 동반할 수 있다. 우울증은 지속적인 슬픔, 희망감의 상실, 피로감, 잠에 대한 문제, 집중력 상실 등 다양한 증상을 포함한다.

2) 불안장애

불안장애는 청소년기에 흔히 발생하는 문제 중 하나이다. 이는 특정 상황에 대한 과도한 두려움이나 걱정을 포함하며, 일상생활을 방해할 정도로 심각해질 수 있다.

3) 행동장애

행동장애는 청소년들이 반항적이거나 공격적인 행동을 보이는 경우를 포함한다. 이들은 종종 규칙을 어기거나 다른 사람을 폭행하는 행동을 보일 수 있으며, 이러한 문제는 학교, 집, 사회적 상황에서 문제를 일으킬 수 있다.

4) 자해 행동과 자살 생각

우울증이나 불안장애 등의 정신건강 문제가 심각해지면, 청소년은 자해 행동을 하거나 자살 생각을 할 수 있다. 이는 심각한 정신건강 문제로 즉각적인 치료와 지원이 필요하다.

5) 식이장애

청소년기에는 신체적 외모에 대한 걱정과 압박이 증가하므로, 이는 식욕부진, 폭식, 거식증, 비만 등의 먹는 문제를 유발할 수 있다.

6) 알코올과 약물 남용

일부 청소년들은 스트레스 해소, 탈출, 동료 인정 등의 이유로 알코올이나 약물을 남용하기 시작할 수 있다. 이는 신체적 건강 문제뿐 아니라 학업성적 저하, 법적 문제, 사회적 및 가정적 문제 등을 초래할 수 있다.

4. 한국 청소년들의 환경

한국의 청소년들은 교육, 사회, 가정, 학교 환경 등에서 많은 변화와 도전에 직면하고 있다. 이러한 다양한 측면에서 청소년들의 현재 상황에 대해 살펴보고자 한다.

1) 교육 환경

한국은 그 특유의 경쟁적인 교육 시스템으로 잘 알려져 있다. 대학 입학을 위한 경쟁은 매우 치열하며, 이는 학생들에게 스트레스로 정신건강에 영향을 미칠 수 있다. 이러한 경쟁적 교육 환경은 학생들이 교과 중심 교육으로 청소년들의 외적인 활동이나 창의적인 사고를 개발하는 데 필요한 시간을 제한하는 경향이 크다.

2) 사회환경

인터넷과 SNS의 발달로 인해 청소년들은 언제든지 전 세계의 정보에 접근할 수 있다. 이는 그들의 사회적 경험과 시야를 확장 시키지만, 동시에 사이버불링, 개인정보 유출, 온라인 중독 등의 위험에 노출시킨다. 또한, 성장하는 과정에서 청소년들은 사회적 가치와 도덕적 표준에 대해 새로운 인식을 형성하며, 이는 때때로 사회적 긴장과 갈등을 초래할 수 있다.

3) 가정 환경

가정 내에서 청소년들은 다양한 가족 구조와 가치, 그리고 사회·경제적 상황에 영향을 받는다. 어떤 청소년들은 가정 내 폭력, 부모의 이혼, 가난 등의 어려운 상황을 겪을 수 있으며, 이런 상황은 그들의 성장과 발달에 부정적인 영향을 미칠 수 있다.

4) 학교 환경

학교는 청소년들의 학문적 발달뿐만 아니라 사회적, 정서적 발달을 지원하는 중요한 장소이다. 그러나 학교 내에서 청소년들은 학업 스트레스, 학교 폭력, 성적 경쟁 등 다양한 도전에 직면할 수 있다. 이런 문제들은 청소년들의 정신건강에 문제를 야기할 수 있으며, 이에 적절히 대응하는 것이 중요하다.

5. 청소년기와 사회복지 실천의 함의

청소년기의 사회복지 실천은 여러 중요한 함의를 갖고 있다. 청소년기는 개인의 발달 과정에서 중요한 시기로, 신체적, 정서적, 인지적, 사회적 변화가 급격하게 일어나는 시기이다. 이 시기의 사회복지 실천은 청소년들이 건강하게 성장하고 사회에 적응할 수 있도록 돕는 중요한 역할을 한다. 이에 따라 청소년기의 사회복지 실천은 다음과 같은 주요 함의를 가진다(강봉규, 2015; Brown, Larson, 2009).

1) 개인화된 지원

청소년기는 각기 다른 배경과 경험을 가진 사람들이기 때문에, 사회복지 실천은 청소년 개인의 필요에 맞는 맞춤형 지원이 필요하다. 청소년의 상황에 따라 상담, 교육, 건강 관리, 가족 문제 등 다양한 분야에서 개별적 접근이 이루어져야 한다.

2) 사회적 자원의 접근성

청소년들이 겪는 어려움은 종종 가정 내 문제나 학교 내 갈등, 경제적 어려움 등 다양한 사회적 요인과 연결된다. 사회복지 실천은 이들이 필요한 자원(예: 심리 상담, 학습 지원, 일자리 제공 등)에 접근할 수 있도록 도와야 하며 이를 통해 청소년들이 자신의 문제를 해결하고, 사회에서 건강하게 성장할 수 있도록 돕는다.

3) 예방적 접근

청소년기는 다양한 위험 요인에 노출되기 쉬운 시기이다. 사회복지 실천은 이러한 위험 요소들을 사전에 예방하는 역할을 해야 한다. 예를 들어, 학교 폭력, 알코올 및 약물 남용, 자살 등과 같은 문제를 예방하기 위한 프로그램과 지원이 필요하다.

4) 청소년 참여의 중요성

청소년들이 자신의 문제를 해결하는 데 적극적으로 참여할 수 있도록 돕는 것이 중요하다. 그들의 의견을 존중하고, 사회복지 실천에 참여하도록 유도하는 방식은 청소년들이 자아존중감을 높이고, 사회적 책임감을 키울 수 있도록 도와준다.

5) 가족 및 학교와의 협력

청소년 문제는 종종 가정과 학교 환경에서 비롯된다. 사회복지 실천은 청소년 개인뿐만 아니라 그들의 가족과 학교와의 협력하여 가정 내 갈등을 해결하거나, 학교 내 적응을 돕는 등의 작업이 중요하다.

6) 정서적 및 심리적 지원

청소년들은 정서적 불안정성을 겪기 쉽고, 자아 정체성을 확립하는 데 어려움을 겪을 수 있다. 사회복지 실천은 청소년들이 건강한 정서적 발달을 할 수 있도록 심리적 지원을 제공해야 하며, 이를 통해 자아존중감 및 대인관계 능력을 높이는 데 기여할 수 있다.

7) 청소년을 위한 정책 개발

청소년을 위한 사회복지 실천은 단기적인 지원을 넘어서, 장기적으로 그들의 권리와 복지를 보장하는 정책 개발에 중요한 함의를 가진다. 청소년기의 복지 문제를 해결하기 위한 정책은 이들이 건강하고 행복한 사회 구성원으로 성장할 수 있도록 돕는 데 중요한 역할을 한다.

따라서, 청소년기의 사회복지 실천은 그들의 삶의 질을 향상시키고, 사회적 환경에 잘 적응할 수 있도록 돕는 중요한 과정이다. 이를 통해 청소년들은 더 나은 미래를 준비하고, 사회에 긍정적인 영향을 미칠 수 있게 된다.

05 Chapter

인간의 성장과 발달 : 청년기

1. 청년기의 발달 특성

청년기는 20대와 30대가 해당되며, 사회에 진출하는 시기이자 부모로부터 심리적 독립을 시작하는 시기라 할 수 있다. 이 시기는 성인으로 역할을 준비하고 주로 심리와 사회 차원에서 정체감을 형성하는 것이 특징적이라고 할 수 있다(Santrock, 2018; Steinberg, 2014).

1) 생물학적 특성

25~30세가 신체 발달에서 제일 강건한 시기로, 30세가 지나면 신체적 기능이 감퇴하고 손가락 동작 등도 점차 둔감해진다. 오감을 비롯한 감각 기능도 대략 20세쯤 최고에 달했다가 40세 정도가 지나면 감퇴하기 시작한다. 청년기 시기에는 건강하다고 생각하지만 만성적 질병이나 건강상 문제가 있을 수 있고 주된 사망은 사고나 자살 등이다. 사회·경제적으로 어려움이 있다면 의료 서비스에 접근하기가 어려워 질병을 초기에 발견하여 치료하는 기회를 놓칠 수 있다.

2) 심리적 특성

이 시기는 심리적 독립으로 인해 일상의 문제를 본인이 처리하고 결정하는 시기이다.

(1) 친밀감 대 소외감

에릭슨 이론에 의하면 청년기의 중요한 과업은 친밀감 또는 소외감이라 하였다. 이는 합리적인 자아 정체감을 가진다면 타인과 친밀감을 형성할 수 있다는 것이다. 이 친밀감에는 성적 친밀감 역시 포함되어 있는데, 이는 타인과 상호관계에서 진정한 심리적 친밀감을 발전시키는 능력을 말한다.

소외감은 친밀감과 반대되는 개념으로 이를 경험하게 되면 본인의 안정감을 위해 본인과 타인 간 장애물이 생기게 된다. 소외감뿐 아니라 타인과 지나치게 밀착된 관계는 자아 정체감에 영향을 미치게 되고, 특히 의존성이 심한 사람은 독립성을 획득하지 못해 정체감의 혼돈뿐 아니라 배우자를 선택하는 데 의존할 수 있는 대상을 찾는다.

(2) 자기상 찾기

이 시기에는 직장을 다니고 사회적으로 책임 있는 행동을 수행하고, 본인의 삶에서 도덕적, 윤리적, 사회적, 경제적, 정치적으로 다양한 분야에서 능력을 발달시켜야 하는 과제를 갖고 궁극적으로 사회에 적응하기 위한 가치를 획득해 가야 한다. 이 시기의 자기상(self-imager)은 가족, 집단, 지역사회의 가치를 내재화하면서 이전보다 안정되고 균형감을 갖게 된다.

3) 사회적 특성

(1) 성적 욕구

이 시기의 성은 신체적 성욕만을 강조하지 않고 정서적인 유대감이 내포된 성적인 관계를 선호한다. 이 시기는 사회적으로 안정되고 경제적 여유가 있지만 30대 후반부터 성적인 전성기가 급격하게 떨어지기도 하기에 본인의 존재를 확인하고 싶은 욕구를 가지기 쉽다. 왜곡된 성관계를 통해 확인하고 싶어 하는 보상 심리도 있고, 성 개방 풍조로 인해 젊은 세대의 변화된 성문화와 돈에 중요성을 두기도 한다. 인간은 다양한 문화에 따라 다양한 성적 역할을 배우고, 그 역할에 적합한 행동을 하며 같은 문화권에 있는 남성과 여성은 서로 구별된 행동 패턴을 습득하기도 한다.

(2) 취업

이 시기의 취업은 경제적 독립을 해야 하는 시기에 필수 과정으로 사회적뿐 아니라 심리적 면에서도 적지 않은 영향을 미친다. 취업은 직장생활을 통해 경제활동을 하여 생활을 이어나가는 데 중요한 수단이 된다.

(3) 군 복무

청년기 초반에 대다수 남자는 군대에 들어가게 된다. 2년 전후의 기간이지만 군 생활 특성상 철저한 계급구조에서 명령에 절대로 복종하고, 상급자와 하급자의 관계에서 개인적 · 심리적으로 어려움이 발생하기도 한다.

2. 청년기 발달과 사회복지 실천의 함의

청년기의 발달적 특성을 반영한 사회복지 실천은 청년들이 건강하고 성공적인 성인기로 전환할 수 있도록 돕는 중요한 역할을 한다. 이에 따라 청년기의 사회복지 실천은 다음과 같은 주요 함의를 가진다(강상경 외, 2021; Arnett, 2000; Santrock, 2018; Steinberg, 2014).

1) 교육적 및 직업적 지원

- 진로 지도 및 직업 훈련: 청년들은 자신의 직업적 경로를 결정해야 하는 시점이다. 사회복지 실천에서는 직업 훈련, 진로 상담, 멘토링 등을 통해 청년들이 자신의 적성과 능력을 바탕으로 진로를 탐색하고 안정적인 직업을 가질 수 있도록 지원해야 한다.
- 취업 지원 프로그램: 청년들의 취업을 지원하기 위한 프로그램이 필요하다. 이를 위해 취업 준비 교육, 이력서 작성 지원, 면접 기술 교육 등 실질적인 취업 지원 서비스를 제공할 수 있다.
- 사회적 자원 활용: 취업을 위한 네트워크와 사회적 자원을 활용할 수 있도록 돕는 것이 중요하다. 지역사회 내의 자원을 활용하거나, 기업과의 협력 프로그램을 통해 청년들이 취업할 수 있는 기회를 증대시킬 수 있다.

2) 정서적 지원 및 자아 정체성 형성

- 정서적 상담 및 심리적 지원: 청년은 자아 정체성을 형성하고, 인생의 중요한 결정을 내리기 위한 과정에서 정신적 혼란을 겪을 수 있다. 사회복지 실천에서는 이들이 안정된 정서적 상태를 유지할 수 있도록 심리 상담, 정서적 지원 프로그램을 제공해야 한다.
- 자아존중감 향상 프로그램: 청년들이 자신의 자아를 긍정적으로 형성할 수 있도록 돕는 프로그램이 필요하다. 자아존중감을 향상시킬 수 있는 상담, 그룹 활동, 자기계발 프로그램 등을 통해 이들의 정신적, 정서적 건강을 지원할 수 있다.

3) 경제적 자립 및 사회적 독립성 지원

- 경제적 자립을 위한 프로그램: 청년들이 독립적인 생활을 시작하기 위해 경제적 자립을 달성하는 것은 매우 중요하다. 이를 위해 재정 관리 교육, 저소득층 청년들을 위한 재정 지원, 주거 지원 프로그램 등이 필요하다.
- 독립적인 삶을 위한 재정적 지원: 청년들이 부모의 지원 없이 독립적인 삶을 영위할 수 있도록 재정적 지원을 제공하는 것이 중요하다. 예를 들어, 청년 창업 지원, 학자금 대출 상환 지원, 저렴한 주택 제공 등이 포함될 수 있다.

4) 사회적 네트워크 및 관계 형성

- 대인 관계 지원 및 사회적 연결망 형성: 청년들이 사회적 연결망을 구축하고, 직장 내, 사회적 활동을 통해 다양한 사람들과 교류할 수 있도록 지원하는 것이 중요하다. 이를 통해 청년들이 사회적 고립감을 느끼지 않도록 돕는 프로그램이 필요하다.
- 또래 집단 및 사회적 참여 프로그램: 청년들이 적극적으로 사회적 참여를 통해 책임감을 느끼고, 공동체 의식을 높일 수 있도록 다양한 사회적 참여 기회를 제공한다. 봉사 활동, 사회적 리더십 프로그램 등이 이러한 참여를 장려하는 방법이다.

5) 위기 청년 지원 및 예방 프로그램

- 위기 청년을 위한 개입: 가정에서의 문제, 학교 부적응, 정신건강 문제 등으로 어려움을 겪는 청년들을 위한 위기 개입이 필요하다. 청소년 및 청년의 위기 상황에 즉각 대응할 수 있는 전문적인 상담 및 지원 서비스가 제공되어야 한다.
- 청년 정신건강 지원: 청년기에는 스트레스, 우울증, 불안 등의 정신건강 문제가 증가할 수 있다. 이를 예방하고 관리할 수 있도록 정신건강 교육, 상담, 정신과 치료와 같은 서비스가 필수적이다.

결론적으로 청년기의 발달적 특성은 신체적, 인지적, 정서적, 사회적 변화가 복합적으로 일어나는 시기이다. 이 시기의 발달적 특성을 이해하고 이를 반영한 사회복지 실천은 청년들이 독립적인 성인으로 성장할 수 있도록 돕는 중요한 역할을 한다. 직업적, 정서적, 경제적, 사회적 지원을 통해 청년들의 자아 정체성을 확립하고, 사회적 역할을 성공적으로 수행할 수 있도록 돕는 것이 사회복지 실천에서 중요한 과제이다.

06 Chapter

인간의 성장과 발달 : 성인기

1. 성인기의 발달 특성

성인기는 대체로 30세부터 시작하여 노년기에 이르기까지의 시기를 포함하는데, 이는 신체적, 인지적, 정서적, 사회적 변화가 지속되는 중요한 시기이다. 성인기는 각기 다른 삶의 단계에서 개인의 성장, 변화, 적응을 경험하며, 다양한 역할을 수행하면서 자아를 발전시켜 나가는 시기이다. 성인기의 발달적 특성은 다음과 같다(Santrock, 2018; Erikson, 1950; Baltes & Baltes, 1990).

1) 인지발달

성인기의 인지발달은 대부분 개인의 경험, 학습, 그리고 지식의 변화를 말하는 데 대표적인 이론 중 하나인 주의력 모델에 따르면, 성인이 되면서 주의력을 더 효과적으로 분산하거나 집중하는 능력을 향상한다. 또한 정교해진 문제해결 능력, 추론 능력, 전략적 사고 등을 통해 복잡한 상황에서도 더 빠르고 효율적으로 의사결정을 내리는 능력이 향상된다.

성인기에 이르면, 인지 능력은 복잡성을 가지며, 이는 전반적인 사고력, 문제해결 능력, 그리고 판단력에서 두드러진다. 성인은 심화 된 사고 과정을 통해 문제를 이해하고, 복잡한 상황에 대응하는 전략을 구성한다. 이 시기에 개인은 상황에 따라 적절한 판단을 내리는 능력, 즉 '심리적 유연성'이 향상되며, 이는 인지적 성숙과 밀접한 관련이 있다.

성인의 인지 능력은 학습 능력과 함께 지속적으로 발전하며, 이러한 변화는 지식의 확장과 직업적 역량 개발에 기여한다. 예를 들어, 성인은 학습 경험을 통해 새로운 정보를 효과적으로 통합하고, 이를 적용하여 문제를 해결하는 능력을 키운다.

2) 사회적 발달

성인기 사회적 발달이란 개인이 사회와 상호작용하는 방식, 그리고 사회적 상황에서 자신의 행동과 태도를 조정하는 방법에 대한 변화와 성장을 의미한다. 성인기 사회적 발달은 직장, 가족, 사회 네트워크 등 다양한 관계 속에서 이루어진다. 성인은 사회적 역할을 수행하며, 자신의 직무를 이해하고 가치관을 확립하며 대인 관계를 형성하게 된다. 이 과정에서 개인의 사회적 적응력이 향상된다.

성인기에 이르면 다양한 사회적 상황에 적응하고, 그에 따라 행동하는 방법을 배우게 된다. 이는 자신의 역할과 책임을 이해하고 행동하는 데 필요한 능력을 갖추는 과정이다. 주요 과제로는 직업적 성공, 가족 형성, 그리고 사회적 책임 수행이 된다.

3) 정서적 발달

성인기의 정서적 발달은 자신의 삶을 이해하고 적절한 결정을 내리는 데 필요한 핵심 기술을 배우는 과정이다.

성인기에는 다양한 정서적 변화가 발생한다. 이 단계에서 개인은 감정 조절 능력을 통해 긍정적 감정을 유지하고 부정적 감정을 관리하는 방법을 배운다. 또한 성인기에 진입하면서 복잡한 감정 상황에 대처할 수 있는 능력을 개발하여 정서적 안정을 향상시킨다. 이는 삶의 만족도, 자아 존중감 그리고 사회적 상호작용에서의 성공에 큰 영향을 미친다.

성인기에 이르면 정서적 발달은 더욱 복잡한 형태를 지닌다. 삶의 다양한 도전과 스트레스를 대처하며, 관계를 성숙하게 유지하는 기술을 통해, 자신의 감정을 세밀하게 인식하고 감정을 더욱 성숙하게 관리하는 방법을 배우게 된다.

2. 성인기 발달의 변화와 적응에 대한 이해

성인기 발달에서는 역할의 변화가 두드러지는데 직장, 가족, 그리고 사회 공동체 안에서의 역할이 변화하며 이는 성인의 삶의 구조에 큰 영향을 미친다. 또한 결정력, 문제해결 능력, 그리고 복잡한 정보를 다루는 능력 등이 중요하다.

또한 다양한 변화와 도전에 대한 적응을 필요로 한다. 이는 새로운 사회적 역할에 대한 적응, 직업에 대한 적응, 그리고 가족 구성원으로서의 적응 등을 포함한다. 또한, 이 시기에는 건강 문제와 심리적 스트레스에 대한 적응 능력도 중요해진다.

성인의 발달과 적응은 서로 연관되어 있다. 성공적인 적응은 성인의 발달을 촉진하며, 반대로 성인의 발달은 적응에 필요한 능력을 강화한다. 성인기의 발달과 적응에 대한 이해는 개인의 삶의 질을 향상하는 데 도움이 되며 성인기를 건강하게 이해하고 적응하는 데 필요한 지원을 제공하는 데 중요하다(Steinberg, 2014).

결국, 성인기 발달은 삶의 만족도, 행복 그리고 성공을 향한 길목에서 중요한 역할을 한다. 이러한 이유로 성인기 발달에 대한 이해는 우리 모두에게 중요한 지식이며 이를 통해 우리는 자신의 삶, 그리고 타인의 삶을 더욱 풍요롭고 의미 있는 것으로 만들 수 있다.

3. 성인기 발달과 사회복지 실천의 함의

성인기의 사회복지 실천은 다양한 사회적, 경제적, 심리적 측면을 고려한 전문적 접근을 필요로 한다. 성인기는 삶의 여러 단계 중에서도 직장생활, 가족관계, 자아실현 등에서 중요한 전환기를 맞는 시기이다. 사회복지 실천에서 성인기의 특성을 반영하려면 다음과 같은 몇 가지 중요한 함의를 고려해야 한다(권중돈, 2021; Baltes & Baltes, 1990; Santrock, 2018).

1) 정신건강과 심리적 지원

성인기는 스트레스, 불안, 우울증, 중년의 위기 등 심리적 문제에 직면할 가능성이 크다. 이에 따라 심리적 지원과 상담 서비스의 필요성이 강조되는데 성인들이 자신의 감정, 역할, 삶의 목표를 재정립하는 과정에서 사회복지는 중요한 역할을 한다.

2) 경제적 자립과 직업 지원

성인기는 대부분 경제적 자립을 이루어야 하는 시기이다. 취업 지원, 직업 훈련, 재정 상담 등은 성인기의 핵심적인 사회복지 서비스이다. 또한 실직이나 직장 내 어려움 등 경제적 위기에 처한 성인들을 위한 지원이 필수적이다.

3) 가족과 관계 지원

성인기는 결혼, 부모 역할, 가족 내 갈등 등 다양한 가족 문제와 관련된 시기이다. 가족 문제를 해결하기 위한 상담과 지원 서비스는 성인기의 중요한 부분을 차지한다. 또한 노부모 돌봄이나 자녀 양육 등 가족 내 역할에 대한 지원도 필요하다.

4) 건강 관리와 재활 지원

성인기의 건강 문제는 신체적, 정신적 변화와 관련이 깊은데, 특히 만성질환이나 사고로 인한 재활이 필요한 경우, 사회복지 서비스는 중요한 역할을 한다. 성인기에는 질병 예방 및 건강한 생활을 지원하는 프로그램도 중요하다.

5) 사회적 고립과 네트워크 구축

노년기 직전의 성인기는 사회적 고립을 겪는 경우가 많다. 사회적 관계망을 유지하거나 새로 형성할 수 있도록 돕는 것이 중요하므로 사회적 고립을 방지하고 지역사회와의 연결을 강화하는 프로그램이 필요하다.

6) 삶의 질 향상과 자아실현

성인기의 사회복지는 자아실현과 삶의 질을 향상시키는 데 초점을 맞춘다. 성인이 자신의 목표와 가치를 실현할 수 있도록 지원하는 프로그램이나 서비스는 이 시기에 필요하다.

결론적으로 성인기에 대한 사회복지 실천은 개인의 삶의 전반적인 질을 높이고, 안정적인 사회적 환경을 구축하는 데 중요한 역할을 한다. 각 개인의 상황을 고려한 맞춤형 접근이 필요하며, 이를 통해 성인들이 더 나은 삶을 살아갈 수 있도록 돕는 것이 사회복지의 목표이다.

07 Chapter

인간의 성장과 발달 : 장년기

1. 장년기의 발달 특성

장년기는 40~60세로 보며 인생의 전성기로 보는 사람이 있는가 하면, 장년기를 인생의 쇠퇴기로 보는 사람도 있다. 장년기를 인생의 전성기로 보는 것은 경제적으로 상당히 안정되어 있고, 다양한 삶의 영역에서 경험을 통하여 다양한 삶의 지혜를 터득한 상태이며 집안에서 높은 지위와 책임을 갖기 때문이다. 장년기를 인생의 쇠퇴기로 보는 것은 이 시기에 신체적 퇴행이 이루어지기 시작하고 장년기의 위기를 잘 극복하지 못할 경우 침체된 삶을 살아갈 수밖에 없기 때문이다.

에릭슨은 장년기의 인생 과제를 생산성이 있는 장년기로 자신의 무능력이나 열악한 환경조건 때문에 자신이 생각하던 인생의 목표를 달성하지 못하고 사회를 위해서도 의미 있는 기여를 하지 못했다고 느낄 때 침체를 경험한다. 장년기를 '샌드위치 세대', '빈 둥지 세대', '상실감의 시기', '제2의 사춘기', 혹은 '정체성 위기의 시기' 등으로 표현한다(Erikson, 1950; Lachman, 2004).

장년기는 자신의 안에서 젊음과 노화를 통합하면서 노화에 대한 긍정적 의미를 찾아서 자신의 삶에 대한 스스로의 선택과 책임을 져야 하는 발달 과업을 살펴보면 다음과 같다(김수정 외, 2023; 김향선, 2018).

1) 신체적 발달

- 노화의 시작: 신체적 변화가 본격적으로 시작되는 시기로, 운동 능력의 저하, 근육량 감소, 피부 탄력 감소, 체력 감소 등이 나타난다. 이 시기에는 건강 문제(예: 고혈압, 당뇨병, 관절염 등)가 발생할 수 있으며, 이를 관리하기 위한 노력이 중요하다.

- 건강 관리의 필요성: 장년기의 신체적 변화는 일상생활에 영향을 미칠 수 있다. 예를 들어, 체중 관리, 운동 습관 유지, 예방적 건강 관리가 필수적이다. 또한, 성인병 예방을 위한 정기적인 건강 검진과 라이프스타일 개선이 필요하다.

2) 인지적 발달

- 인지 능력의 변화: 40대 이후, 신체의 변화와 함께 인지적 능력도 일부 변화가 발생한다. 기억력, 특히 단기 기억이나 처리 속도는 감소할 수 있으며 경험을 바탕으로 한 경험적 지능(예: 직관, 문제해결 능력)은 향상된다.
- 문제해결 능력: 문제해결 능력, 직관적 판단력 등은 경험이 쌓이면서 더 능숙해지고, 다양한 상황에서의 융통성 있는 사고가 발달한다. 그러나 새로운 정보 처리 속도는 상대적으로 느려질 수 있다.
- 정신적 자원 관리: 인지적 자원 관리가 필요해지며, 이 시기의 개인들은 효율적인 시간 사용, 에너지 배분 등을 중요하게 생각한다.

3) 정서적 발달

- 자아 재조정: 장년기에는 개인의 삶에 대한 재평가와 자아 정체성의 재조정이 이루어진다. 40대 중반부터 50대 초반에는 종종 '중년의 위기'(Midlife Crisis)를 경험하기도 한다. 이는 직업적, 개인적 성취에 대한 재평가와 삶의 의미를 찾으려는 노력이 포함된다.
- 정서적 안정: 대부분의 장년기는 감정 조절 능력이 높아지고, 스트레스 상황에서 상대적으로 더 침착하게 대응할 수 있다. 또한, 자아존중

감이 강해지고, 정서적으로 안정된 상태를 유지하려는 경향이 있다.

- 사회적 연결의 중요성: 이 시기에는 친구, 가족, 동료와의 관계에서 중요한 역할을 하며, 사회적 지원이 강하게 요구된다. 또한 부모 역할이 변화하고, 자녀 양육이나 부양에 대한 책임이 변화하는 시기이다.

4) 사회적 발달

- 직업적 안정성: 직장에서의 경력은 대부분의 장년기에 이미 상당히 안정된 상태에 있을 것이다. 그러나 이 시기에는 경력의 전환, 퇴직 준비, 중년 이후 직업적 목표 재설정 등의 문제를 다룰 필요가 있다.
- 사회적 책임: 장년기는 자녀 양육의 책임을 마무리하고 부모님이나 다른 가족 구성원을 돌보는 역할을 하게 되는 경우가 많다. 또한, 사회적 기여와 참여가 중요한 시기로 자원봉사 활동이나 사회적 역할을 새롭게 정의하고 실천할 수 있다.
- 가족과의 관계 변화: 자녀들이 독립하면서 부모의 역할이 변화하고 이 시기에 부모와 자식 간의 관계가 재정립될 수 있다. 또한, 배우자와의 관계에서 중년 이후의 관계를 새롭게 형성할 필요가 있다.

5) 도덕적 발달

- 도덕적 책임의 확대: 장년기의 발달은 도덕적 가치관에 대한 깊은 고민을 포함한다. 이타주의와 사회적 책임에 대한 중요성이 더욱 강조되며 이는 직장 내 윤리적인 의사결정, 가정 내 역할, 사회적 기여 등에서 나타난다.

• 전반적인 가치관의 변화: 이 시기에는 인생의 의미, 죽음과 삶에 대한 가치에 대해 더 심도 있는 성찰을 하게 되며 다른 사람들과의 관계에서 윤리적인 기준을 더욱 중요시한다.

6) 성적 변화

장년기에 이르게 되면 남녀 간의 차이가 있기는 하지만 성적 능력의 저하가 이루어진다. 성적 능력의 저하로 나타나는 현상을 갱년기 장애라 부르며 여성의 경우에는 사람마다 개인차가 있으나 40대 후반에서 50대 초반에 생리가 중지되는 폐경기를 경험하게 된다.

폐경기의 생리적 변화는 얼굴이 붉게 달아오르는 홍조 현상이 있으며 난소는 작아지고 더 이상 난자를 생산하지 않으며 나팔관도 짧고 작아진다. 폐경기에 이르게 되면 생식능력을 상실하게 되고 에스트로겐이라는 여성호르몬이 1/6 정도로 줄어들고, 자궁과 유방의 퇴화가 이루어진다. 그리고 폐경기 여성에게는 얼굴의 홍조현상, 두통, 메스꺼움, 현기증, 골반통, 유방통증, 호흡장애 등이 나타난다. 모든 여성이 폐경 증상을 경험하는 것은 아니며 폐경 이후에도 정상적 성관계를 유지할 수 있기 때문에 폐경으로 인한 증상 자체보다는 이에 따른 불안, 우울, 자신감 저하와 같은 심적 변화와 사회적 역할 변화가 더욱 중요하다.

남자에게는 폐경이란 있을 수 없지만 이와 유사한 현상이 존재하며 이를 중년 위기라고 부른다. 이 시기는 이혼, 결혼의 관계, 직업의 전환, 사고 등이 일어나기 쉬우며 자살 시도의 위험까지도 존재한다. 이것은 생물학적 요인과 심리적 요인이 복합되어 일으키는 현상으로 볼 수 있다. 생물학적으로는 남자는 생식능력을 계속 유지하지만 남성 호르몬의 생산이 감소함에 따라 성기능에 영향을 받는다.

심리적으로 남성은 이 시기에 자신의 결혼생활과 가정에 대하여 재평가하며 과거와 미래를 생각하고 그가 성취한 것과 실패한 것에 대해 생각한다. 이러한 과정에서 불안, 우울, 집중력 감소, 피로, 수면장애, 초조, 흥미와 자신감 상실 등의 증상을 경험한다.

2. 장년기의 발달 과업

장년기의 발달 과업은 주로 중년기와 노년기 사이에 해당하는 발달 과정으로, 일반적으로 40대 후반에서 60대 중반까지의 기간을 포함한다. 이 시기의 발달 과업은 신체적, 정신적, 사회적, 직업적 변화와 관련이 있으며, 주요 발달 과업은 다음과 같다(Erikson, 1950).

1) 직업적 안정

장년기는 직업적 경력의 안정화와 관련이 있다. 많은 사람들은 이 시기에 중요한 직업적 목표를 성취하거나, 새로운 도전을 시작하기도 한다. 일부는 은퇴를 고려하기 시작하며, 일과 삶의 균형을 재정립하는 시기이다.

2) 가족의 변화

자녀들이 독립적인 생활을 시작하고, 부모님이 노년기에 접어드는 등 가족 내 역할 변화가 일어나는 시기이므로 이 시기에 부모로서의 역할, 혹은 자녀와의 관계가 재조정될 수 있다.

3) 건강 관리

신체적으로 노화가 시작되는 시기이므로 건강에 대한 관심이 더욱 중요해진다. 따라서 운동, 영양, 정신건강을 유지하려는 노력이 필요하며, 만성질환 예방과 관리가 중요한 발달 과업이 된다.

4) 자아 정체감의 재구성

중년기에 접어들면서 자아를 되돌아보고, 인생의 의미와 목적에 대해 성찰하는 시기이므로 이 시기에는 인생의 목적을 재조정하고, 성취감을 느끼는 과정이 포함될 수 있다.

5) 사회적 관계의 재구성

친구, 동료, 배우자와의 관계를 재정비하고, 사회적 역할을 강화하려는 노력도 이 시기의 중요한 발달 과업이다. 따라서 이 시기에는 새로운 취미나 활동을 찾거나 자원봉사 등을 통해 사회적 관계를 넓히는 시기이다.

6) 경제적 준비

은퇴 후의 삶을 대비하여 경제적 준비를 하는 것도 중요한 발달 과업이므로 이 시기에는 재정 계획을 세우고, 은퇴 후의 생활을 준비하는 과정이 포함된다.

3. 장년기 발달과 사회복지 실천의 함의

장년기의 발달적 특성을 이해하는 것은 사회복지 실천에서 중요한 의미를 가진다. 장년기는 여러 사회적, 경제적, 정서적 문제에 직면하는 시기이므로, 이를 지원하는 다양한 사회복지 서비스가 필요하다. 사회복지 실천에서 장년기 발달을 고려한 주요 함의는 다음과 같다(김혜란 외, 2022; Santrock, 2018).

1) 경제적 안정 및 직업적 지원

- 퇴직 준비 지원: 장년기는 퇴직을 준비하거나 경력 전환을 고려하는 시기이다. 사회복지 실천은 퇴직 후 경제적 안정성 확보를 위한 연금 계획, 재정 상담, 퇴직 후 활동 계획 등을 지원할 수 있다.
- 직업 재교육과 훈련: 직장에서의 경력이 변화하거나 퇴직 후 제2의 삶을 위한 준비가 필요하다. 사회복지 실천은 경력 전환 프로그램, 직업 훈련, 창업지원 등을 통해 경제적 자립을 돕는 역할을 한다.

2) 정신적 건강과 정서적 지원

- 정신건강 관리: 중년의 위기와 같은 정신적 스트레스와 우울증 등의 문제를 해결하기 위해 심리 상담 서비스와 정신건강 관리 프로그램이 중요하다. 이는 자아 정체성의 재정립과 삶의 의미에 대한 고민을 돕는 데 필요하다.
- 정서적 안정 지원: 성취와 실패에 대한 감정적 해석이 중요한 시기이므로, 정서적 안정과 자아존중감 향상을 위한 상담과 심리적 지원이 필요하다.

3) 가족 및 사회적 관계 지원

- 가족 상담: 부모 역할과 자녀와의 관계 변화, 배우자 간의 관계 재정립 등 다양한 가족 문제에 대한 상담과 지원이 필요하다. 특히 부모를 돌보는 역할을 수행하는 경우, 부모 돌봄 지원 프로그램이 중요하다.
- 사회적 연결망 형성: 장년기에는 사회적 고립을 예방하고, 친구나 동료들과의 사회적 관계를 유지하도록 돕는 프로그램이 필요하다. 자원봉사 활동, 취미 활동 등을 통해 사회적 연결망을 강화하는 방법이 유용하다.

4) 건강 관리 및 예방

- 건강 관리 프로그램: 성인병 예방, 운동, 체중 관리 등 건강 관리가 필수적이다. 장년기의 주요 질환(예: 심혈관 질환, 당뇨병)에 대한 예방 및

관리 프로그램을 제공해야 한다.

- 정기 건강 검진: 정기적인 건강 검진을 통한 질병 예방과 조기 발견은 장년기의 건강을 유지하는 데 중요한 역할을 한다.

5) 자아실현과 사회적 기여

- 자아실현을 위한 지원: 장년기에는 자아실현의 기회를 제공하는 것이 중요하다. 자원봉사 활동, 사회적 참여, 취미 활동 등을 통해 삶의 의미를 찾고, 사회적 기여의 기회를 제공한다.

결론적으로 장년기는 개인의 신체적, 인지적, 정서적 변화가 중요한 시기로 여러 사회적 역할의 재정립이 필요하다. 사회복지 실천에서는 장년기 발달을 반영하여 직업적 안정, 건강 관리, 가족 상담, 정서적 지원 등 다양한 분야에서 적극적인 지원을 제공해야 한다. 이를 통해 장년기의 발달적 특성에 맞는 맞춤형 서비스를 제공하고 개인들이 안정적이고 만족스러운 삶을 살아갈 수 있도록 돕는 것이 중요하다.

08 Chapter

인간의 성장과 발달 : 노년기

1. 노년기의 발달 특성

노년 전기는 보통 65세~75세까지를 의미하며 이 시기의 노인들은 대부분 여전히 건강하며 만성질환에 대한 위험이 증가하지만 그렇게 높지 않고 특히 신체적으로 건강하면서 자립적인 활동이 가능한 시기이다. 노년 전기에는 일부 신체적 변화가 발생할 수 있는데 노화로 인한 근육량 감소와 뼈 밀도가 감소하여 골다공증 등의 질환, 시력과 청력의 변화, 대사 속도의 저하로 체중 증가와 같은 문제를 유발할 수 있다. 노년 전기의 신체적 변화는 규칙적인 운동, 영양 섭취 등으로 대처할 수 있다.

노년 후기는 보통 75세 이상을 의미하며 이 시기의 노인들은 노화로 인해 발생하는 물리적, 인지적 변화가 점점 더 많아지고, 건강과 사회적 지지를 유지하기 위해 더욱 노력해야 할 시기이며 신체적 기능의 약화로 인해 일상생활을 타인에게 전적으로 의존할 수밖에 없는 시기이다. 노년 후기에는 근육량과 근력의 감소, 뼈 밀도 감소, 유연성과 균형 감각 감소, 심장 기능과 호흡 기능이 감소하고 만성질환과 같은 문제가 발생한다. 노년 후기의 변화들은 노화와 함께 자연스럽게 발생하는 변화이지만 건강한 생활방식과 규칙적인 운동, 적절한 영향 섭취 등으로 이러한 변화를 완화시킬 수 있다.

이 시기에는 신체적, 인지적, 정서적, 사회적 변화가 뚜렷하게 나타나며, 개인의 삶에 대한 재평가와 새로운 적응이 중요한 시기이다. 노년기의 발달적 특성은 다음과 같다(Santrock, 2018; Lachman, 2004).

1) 신체적 발달

- 신체적 노화: 신체적 변화는 노년기의 가장 큰 특징 중 하나이다. 근육량 감소, 골밀도 감소, 피부의 탄력 저하, 체중 변화 등이 나타나며, 기억력 저하, 시력과 청력의 변화가 발생할 수 있다.
- 건강 문제: 고혈압, 당뇨병, 심혈관 질환, 관절염 등 만성질환이 일반적으로 발생한다. 특히, 신체의 회복 능력이 떨어지므로 건강 관리와 예방이 중요하다.
- 운동능력 감소: 운동능력과 균형 감각이 떨어져 낙상의 위험이 증가하며, 기능적 능력(자기 관리 능력 등)도 점차 감소할 수 있다.
- 건강 관리의 필요성: 적절한 운동, 건강한 식습관, 정기적인 건강 검진, 만성질환 관리 등 건강 유지와 관련된 노력은 노년기의 중요한 과제이다.

2) 인지적 발달

- 인지적 능력 감소: 나이가 들면서 단기 기억, 정보 처리 속도 등이 감소하는 경향이 있다. 작업 기억과 주의력이 약해지고, 새로운 정보의 습득에 어려움을 겪을 수 있다.
- 경험적 지능의 증가: 반면, 경험적 지능(예: 삶의 경험을 바탕으로 한 문제해결 능력)은 증가한다. 노년기는 지혜나 융통성 있는 사고와 같은 경험 기반의 지능이 중요한 시기이다.
- 인지 질환의 발생: 알츠하이머병, 파킨슨병 등 인지적 문제와 관련된 질병이 나타날 수 있으며, 이에 대한 예방과 치료가 필요하다.

3) 정서적 발달

- 자아 통합: 노년기는 에릭슨의 이론에서 “자아 통합 대 절망”의 시기로, 삶을 되돌아보며 자아의 의미를 찾아가는 시기이다. 이 과정에서 삶의 의미를 찾고, 과거의 선택에 대한 만족감을 느끼는 것이 중요하다.
- 감정 조절: 노년기에는 감정적 안정성이 높아지고, 스트레스나 갈등 상황에서 침착하게 대응할 수 있는 능력이 증가한다. 많은 노인은 정서적으로 더 긍정적이고, 자기 수용을 잘 할 수 있다.
- 우울증과 고립: 그러나 신체적 변화나 사회적 고립, 경제적 어려움 등은 우울증과 같은 정서적 문제를 초래할 수 있으며, 이를 관리하는 것이 중요하다.

4) 사회적 발달

- 사회적 관계의 변화: 자녀들이 독립하고, 배우자와의 관계가 변화하거나 상실될 수 있다. 또한, 친구나 지인의 사망 등으로 인해 사회적 고립이나 외로움을 경험할 수 있다.
- 사회적 역할의 재정립: 직업에서 은퇴 후에는 사회적 역할이 변화하며, 일부 노인은 자원봉사나 취미 활동을 통해 새로운 사회적 역할을 찾기도 한다. 이 시기에는 자아실현을 위한 활동이 중요한 역할을 한다.
- 사회적 참여와 자아 실현: 은퇴 후에는 자신의 삶의 의미를 찾고, 사회적 기여를 할 수 있는 방법을 모색하는 것이 중요하다. 이 시기에 자원봉사, 멘토링, 취미 활동 등이 사람들에게 큰 의미가 될 수 있다.

5) 도덕적 발달

- 도덕적 성찰: 노년기는 개인의 삶에서의 도덕적, 윤리적 성찰이 깊어지는 시기이다. 과거의 삶을 되돌아보며 자아 통합을 이루고, 사회적 책임감을 느끼며 살아가는 경우가 많다.
- 인간애와 이타주의: 많은 노인이 사회적 책임감을 느끼며 이타적인 삶을 추구하며 이는 노년기의 중요한 발달적 특성 중 하나이다.

2. 노년기의 발달 과업

노년기의 발달 과업은 주로 삶의 마지막 단계에서 신체적, 심리적, 사회적 변화에 적응하고, 의미 있는 삶을 유지하기 위한 노력과 관련이 있다. 이 시기의 발달 과업은 개인의 건강, 가족관계, 사회적 역할, 자아존중감 등을 포함하며, 여러 전문가들이 이를 다양한 관점에서 설명한다. 노년기의 주요 발달 과업은 다음과 같다(Erikson, 1950).

1) 자기 수용 및 삶의 의미 찾기

노년기에는 인생을 돌아보며 자아 존중감을 유지하고, 자신의 삶의 의미를 찾아내는 것이 중요하다. 개인은 지난 삶을 평가하고, 자신의 선택에 대해 수용적인 태도를 가질 필요가 있다.

2) 건강 관리

신체적으로 변화하는 부분에 맞추어 건강을 유지하고, 만약 질병이나 장애가 있을 경우 이를 잘 관리하는 것이 발달 과업 중 하나이다. 이는 의사나 가족과 협력하여 건강 문제를 해결하는 것을 포함할 수 있다.

3) 사회적 관계 유지

가족, 친구, 지역사회와의 관계를 계속해서 유지하며, 사회적 고립을 피하는 것이 중요하다. 노년기에는 이전보다 제한된 사회적 네트워크를 확장하고 유지하는 것이 중요한 발달 과업이다.

4) 경제적 안정성 유지

퇴직 후 경제적인 안정성을 유지하는 것도 중요한 발달 과업이다. 이는 재정 계획을 잘 세우고 필요한 자원을 확보하는 것을 의미한다.

5) 죽음에 대한 준비

노년기에는 삶의 끝에 대해 생각하며 죽음을 준비하는 과정이 필요하다. 이는 죽음을 자연스러운 삶의 일부분으로 받아들이고, 이를 준비하는 과정에서 평온함을 찾는 데 도움이 된다.

6) 새로운 역할과 취미 발견

퇴직 후 새로운 활동이나 취미를 찾는 것이 중요하다. 이는 정서적 만족과 성취감을 제공하며, 활기찬 삶을 유지하는 데 도움을 준다.

3. 노년기 발달과 사회복지 실천의 함의

노년기의 발달적 특성에 맞춰 사회복지 실천이 이루어질 필요가 있다. 사회복지 실천은 노년기의 신체적, 인지적, 정서적, 사회적 특성을 이해하고, 그에 맞는 지원을 제공하는 것이 중요하다. 주요 사회복지 실천의 함의는 다음과 같다(엄영용 외, 2020; Santrock, 2018).

1) 건강 관리 및 예방

- 건강 증진 프로그램: 만성질환 예방과 건강한 노화를 지원하는 프로그램이 필요하다. 운동 프로그램, 영양 상담, 정기적인 건강 검진 등이 중요하며, 건강 관리에 대한 교육과 지원이 필요하다.
- 정신건강 관리: 우울증, 불안 등 정서적 문제를 예방하고 지원하는 프로그램이 필요하다. 심리 상담, 정서적 지원 그룹, 인지 훈련 등이 중요하다.

2) 사회적 고립 예방 및 사회적 참여

- 사회적 연결망 형성: 노년기의 사회적 고립을 예방하고 노인의 사회적 관계를 유지하도록 돕는 프로그램이 필요하다. 예를 들어, 사회적 모임이나 자원봉사 활동을 통해 노인들이 사회와 지속적으로 연결될 수 있도록 도와야 한다.
- 대인 관계와 활동: 취미 활동, 문화 프로그램, 멘토링 프로그램 등 노인의 자아실현을 돕는 활동을 제공하여 사회적 참여를 촉진하는 것이 중요하다.

3) 자아존중감과 자아실현 지원

- 자아실현 지원: 은퇴 후 새로운 의미를 찾고 자아실현을 이루기 위한 프로그램이 필요하다. 자원봉사, 취미 활동, 학습 프로그램 등이 노인이 자아실현을 이루는 데 중요한 역할을 할 수 있다.
- 자기 존중감 증진: 노인들이 과거의 경험을 긍정적으로 돌아보고 자아존중감을 유지할 수 있도록 돕는 것이 중요하다. 이를 위한 상담 서비스와 교육 프로그램이 필요하다.

4) 경제적 안정 지원

- 재정 관리: 은퇴 후 경제적 자립을 유지하기 위한 지원이 필요하다. 노인들이 연금을 관리하고, 경제적 자립을 위해 필요한 교육과 상담을 제공해야 한다.
- 소득 보장: 노년기에 맞는 소득 보장 정책이 필요하며, 재정적 어려움

을 겪는 노인을 위한 경제적 지원도 중요하다.

5) 가족 및 돌봄 지원

- 가족 돌봄 지원: 노인이 자녀나 배우자와 함께 살거나 가족의 지원을 받을 경우, 가족 돌봄 지원서비스가 필요하다. 노인의 돌봄에 대해 가족 구성원이 충분한 정보와 지원을 받을 수 있도록 돕는 것이 중요하다.
- 주거 지원: 노인이 독립적인 생활을 하거나 시설에서 생활할 수 있도록 주거지 지원이 필요하다. 노인 주택, 생활 지원 서비스, 요양 시설 등이 제공되어야 한다.

결론적으로 노년기는 신체적, 인지적, 정서적, 사회적 변화가 뚜렷하게 나타나는 시기이다. 사회복지 실천에서는 노년기의 다양한 발달적 특성을 반영하여, 건강 관리, 사회적 고립 예방, 자아실현 등 여러 분야에서 노인의 삶의 질을 높이고, 자아존중감을 유지할 수 있도록 지원해야 한다. 이를 위해 맞춤형 사회복지 서비스가 필요하며, 다양한 사회적 참여와 지원 프로그램을 통해 노인이 존엄하게 삶을 영위할 수 있도록 도와야 한다.

PART 03

인간행동에 관한 주요 이론

09 Chapter

인간행동에 관한 주요 정신역동이론 : 프로이트, 에릭슨, 아들러, 융

1. 프로이트의 정신분석적 성격이론

1) 프로이트의 생애

지그문트 프로이트(Sigmund Freud, 1856~1939)는 오스트리아의 신경과학자로, 정신분석학의 창시자로 널리 알려져 있다. 그의 이론은 심리학, 정신의학, 문학, 철학, 문화 연구 등 여러 분야에 지대한 영향을 미쳤다(Gay, 1989).

프로이트(Sigmund Freud, 1856~1939)

▶ 주요 생애

- 출생과 초기 생애: 프로이트는 1856년 5월 6일 오스트리아 제국의 프라이부르크(현재 체코슬로바키아의 모라비아 지역)에서 유대인 가족의 아들로 태어났다. 그의 가족은 비교적 가난했지만, 그는 뛰어난 학문적 재능을 보였고 빈대학교(University of Vienna)에서 의학을 전공했다.

- 의학 공부와 초기 경력: 1881년 의사 면허를 취득하고, 이후 빈(Vienna)의 여러 병원에서 신경과학 연구와 임상 경험을 쌓았다. 특히, 뇌와 신경계의 연구에 관심을 가졌고, 유럽에서 유명한 신경과학자인 조셉 브로이어와 협력하여 신경질환 치료를 위한 방법들을 연구했다.

- 정신분석의 탄생: 1890년대, 프로이트는 히스테리와 같은 정신적 질환을 연구하며, 병리현상에서 심리적 원인을 찾기 시작했다. 1895년, 브로이어와 함께 『히스테리 연구』라는 책을 발표했으나, 그 후 독립적으로 연구를 이어가며 1900년에 『꿈의 해석』을 출판하면서 정신분석학의 기초를 다졌다.

• 정신분석 이론 발전: 1905년 '성욕론'을 발표하며 인간의 성적 본능이 인간행동에 미치는 영향을 강조했고, '이드', '자아', '초자아'라는 개념을 포함한 정신 구조 이론을 발전시켰다. 이후, 꿈, 억압, 방어기제, 성격 발달 이론 등 다양한 분야에서 연구를 확장해 나갔다.

• 유럽에서의 영향력 확대: 프로이트는 1908년 '국제 정신분석학회'를 창립하고, 이후 전 세계적으로 정신분석학의 영향력을 확장시켰다. 그러나 그의 이론은 논란을 일으켰고, 많은 비판도 받았다.

• 후기 생애와 망명: 프로이트는 제1차 세계대전 중에도 활동을 이어갔으나, 1930년대 나치즘의 확산으로 인해 유대인이라는 이유로 빈에서의 생활이 어려워졌다. 1938년 나치 독일의 오스트리아 합병 후, 그는 영국으로 망명하여 1939년 9월 23일 런던에서 세상을 떠났다.

▶ 주요 업적과 이론

• 꿈의 해석: 프로이트는 꿈이 무의식의 표현이며, 억압된 욕망이나 갈등이 꿈을 통해 나타난다고 주장했다.

• 성격 이론: 그는 성격이 '이드', '자아', '초자아'의 상호작용에 의해 형성된다고 보았고 이드는 본능적 충동, 자아는 현실적 사고, 초자아는 도덕적 규범을 나타냈다.

• 심리성적 발달 이론: 프로이트는 인간의 성격 발달이 특정 단계에서 형성된다고 했다. 이 단계는 구강기, 항문기, 남근기, 잠복기, 생식기로 나뉜다.

• 정신분석 기법: 프로이트는 자유연상법, 꿈 분석, 그리고 전이와 저항을 통한 치료 기법을 개발했다.

프로이트의 이론은 현대 심리학과 정신의학의 발전에 큰 영향을 미쳤으나, 동시에 많은 논란과 비판을 받기도 했다. 그럼에도 불구하고 그의 작업은 심리학의 많은 분야에서 여전히 중요한 역할을 하고 있다.

2) 프로이트 이론의 인간관

프로이트는 인간을 의식의 영역 밖에 존재하는 비합리적이고 통제할 수 없는 무의식적 본능의 지배를 받는 존재로 보고 있다. 인간의 모든 행동과 사고, 감정은 신체적 긴장 상태에 의해 유발되는 무의식적인 성적 본능과 공격적 본능에 의하여 결정된다고 보고 있으며 인간은 이러한 본능적 긴장을 해소하기 위하여 행동을 한다고 하였다. 또한 인간은 거대한 빙산에 비유되는 무의식적 본능에 의해 긴장 상태를 해소하기 위하여 행동을 하게 된다. 인간의 기본 성격 구조는 초기 아동의 특히 만 5세 이전에 어떠한 경험을 하였는가에 따라 결정되며 이러한 성격 구조는 성인기가 되어서 변하지 않고 지속된다고 보고 있어 현재보다는 과거를 중요시한다. 특히 프로이트는 '현재는 과거의 축적물에 불과하므로 현재를 바꾸기 위해서는 과거를 변화시켜야 한다'는 가정 아래 정신 치료에서 기본적 성격 구조를 변화시키고자 하며 그중에서도 초기 아동기의 경험을 재구성하는 것이 필수적이라고 하였다. 인간은 무의식적인 내적 충동에 의해 야기된 긴장 상태를 제고하여 쾌락을 추구하려는 속성을 지니고 있으며, 이를 방해하는 사회적 요인에 대해서는 지속적으로 대항하는 존재로 보고 있다(Mcleod, 2017).

3) 인간의 정신세계

(1) 정신적 에너지

정신적 에너지는 생물학적 기초를 가지며 늘 어떤 형태로든 이용 가능한 폐쇄체계이므로 체계 내의 총 에너지양은 변하지 않으며, 체계 전반에 걸친 에너지 분배는 생물학적 요구, 개인의 발달 단계, 과거의 경험, 현재의 환경 등과 같은 많은 요인들에 의해 좌우된다. 프로이트는 마음을 양극의 관점으로 보아 인간의 정신적 활동에 작용하는 에너지를 크게 생의 본능과 죽음의 본능으로 나누었다. 생의 본능인 에로스(eros)는 생명을 유지, 발전시키고 사랑을 하게 하는 본능이며 인간은 이것 때문에 자신을 사랑하고 생명을 지속하며, 종족을 보존시킨다는 것이다. 죽음의 본능인 타나토스(thanatos)는 생물체가 무생물체로 환원하려는 본능으로 이것 때문에 생명은 결국 사멸되고 살아있는 동안에도 자신을 파괴하거나 처벌하며, 타인이나 환경을 파괴시키는 공격적 행동을 하게 된다. 생과 죽음의 본능은 서로 영향을 미치거나 혼합된다.

(2) 리비도

리비도(libido)는 생물학적인 힘이 아니라 정신적인 힘으로 성적 본능의 에너지를 의미하는데 출생 시부터 나타나고 아동의 행동과 성격을 결정한다. 리비도의 개념은 처음에는 협의의 성적 에너지로 생각되었다가 점차 그 개념이 넓혀져 사랑과 쾌감의 모든 표현이 포함되었다.

4) 인간의 의식 구조

프로이트는 의식을 인간의 정신 생활의 중심이라고 보지 않고 인간의 마음을 빙산에 비유하고 물 위에 떠 있는 작은 부분이 의식이라면 물 속의 훨씬 더 큰 부분을 무의식으로 비유하고 이 거대한 무의식 영역 속에 추진력, 정열, 억압된 관념 및 감정들이 숨어 있다고 보았다(강영계, 1995). 그리고 이것들은 인간 생명의 거대한 하층 구조로서, 인간의 의식적 사고와 행동을 전적으로 통제하는 보이지 않는 힘이라고 생각했다.

(1) 의식(consciousness)

의식은 어떤 순간에 우리가 알거나 느낄 수 있는 모든 경험과 감각을 말한다. 프로이트는 정신생활의 극히 일부분만이 의식의 범위 안에 포함된다고 했다. 우리가 어떠한 순간에 경험하는 의식 내용은 외부적 요인에 의해 주로 규제되는 선택적 여과 과정의 결과이며, 이 경험은 잠시 동안만 의식될 뿐 시간이 경과하거나 주위를 다른 곳으로 돌리면 그 순간에 전의식이나 무의식 속으로 들어가 잠재하게 된다. 그러므로 의식은 성격의 제한된 적은 부분만을 나타낸 것이다.

(2) 전의식(preconsciousness)

전의식은 흔히 이용 가능한 기억으로 불린다. 즉, 어느 순간에는 의식되지 않으나 조금만 노력하면 곧 의식될 수 있는 경험이나 기억을 말한다. 이 전의식은 의식과 무의식의 영역을 연결해 주는데 예컨대, 어떤 치료기법에 의해서 무의식 내용이 전의식으로 나타나고 또 그다음에 의식이 될 수 있다고 프로이트는 생각했다. 전의식은 의식과 무의식 사이에 있는 문지기이다.

(3) 무의식(unconsciousness)

프로이트는 무의식이 인간 정신의 가장 크고 깊은 심층에 잠재해 있으면서 의식적 사고와 행동을 전적으로 통제하는 힘이라고 생각하였다. 전의식과는 달리 무의식은 전혀 의식되지 않지만, 사람들의 행동을 결정하는 주된 원인이 된다. 인간의 모든 생활 경험은 잠시 동안만 의식의 세계에 있을 뿐 주위를 다른 곳으로 바꾸거나 시간이 지나면 그 순간에 의식의 경험들은 전의식을 거쳐 깊은 곳으로 들어가 잠재하게 되는데 이를 무의식이라고 보았다.

5) 인간의 성격 구조

프로이트의 초기 성격 구조 이론의 중심 개념은 무의식이었다. 그러나 1920년대에 이 같은 정신생활의 개념 모형을 수정하여 세 체계의 기본적 성격구조 이론을 제시하였다(이상복 역, 1998; 이규환 역, 2012).

(1) 원초아(Id)

원초아는 성격의 가장 원시적인 체계이다. 원초아는 프로이트가 무의식이라고 불렀던 성격의 한 부분으로 유전되며 출생 시에 이미 존재하며 그 속에서 자아와 초자아가 분화되어 나오는 모체이다. 원초아는 공격적이고 동물적이며 조직되지 않은 것으로써, 규칙도 따르지 않는 개인에 내재하는 정신적 원동체이며 개인의 생의 기초가 된다. 또한 긴장을 감소시키려는 '쾌락의 원리'를 따르므로 자신을 괴롭히는 모든 억압을 싫어하고 무시한다. 따라서 모든 행동은 자애적인 방법으로 표현되며 언제나 비합리적이고 충동적으로 행동하고 다른 사람에 대한 영향은 전혀 고려하지 않는다.

(2) 자아(Ego)

초자아가 "길들여지지 않은 열정"이라면 자아는 "이성과 분별"을 뜻한다. 자아의 구조와 기능은 원초아에서 파생되며 생후 6~8개월부터 발생하기 시작하여 2~3세에 형성된다. 자아는 원초아의 충동들을 어떤 방법으로든지 충족시켜 주어야 하지만 그것은 초자아가 침해를 받지 않는 범위 내에서 이루어져야 한다. 이같이 자아는 원초아의 욕구(yes)와 초자아의 거절(no) 사이에서 현실에 맞도록 조정하여 개체를 적절히 유지시키는 기능을 한다. 자아는 원초아의 쾌락적 원리와는 달리 '현실의 원리'를 따른다. 현실원리의 목적은 욕구 충족을 위해서 적당한 대상이나 환경조건이 이루어질 때까지 본능적 만족을 지연시켜 개체를 안전하게 보전시키는 데 있다. 다시 말하면 자아의 목적은 자신이나 타인에게 해를 끼치지 않고 원초아의 욕구를 충족시키는 적절한 과정을 발달시키는 데 있다.

(3) 초자아(Superego)

인간은 바람직한 사회생활을 하기 위해서 그 사회의 질서 체계인 가치, 도덕, 윤리 체계를 습득해야 한다. 이것들은 사회화 과정을 통해 이루어지며, 정신분석학적 용어로는 초자아이다. 초자아는 인간의 마음속에 있는 윤리적, 도덕적, 이상적인 면을 말하며, 유전되는 것이 아니라 성격 구조 중 마지막으로 발달 되는 체계로써 부모의 양육 태도, 즉 부모가 주는 보상과 처벌에 대한 반응으로 발달한다. 초자아는 아동이 옳고 그름을, 선과 악을, 그리고 도덕과 비도덕을 분별할 수 있게 될 때 비로소 나타나며, 아동의 생활 범주가 점차 확대되면서 그 집단들이 인정하는 적절한 행동규범을 추가하면서 초자아를 형성한다. 아동은 항상 이러한 부모의 기대와 집단의 규범에 알맞게 행동함으로써 갈등과 처벌을 피한다. 프로이트는 초자아를 두 개의 하위체계, 즉 양심(conscience)과 자아 이상(ego ideal)으로 나누었다. 양심은 아동이 잘못을 저질렀을 때 부모로부터의 야단이나 처벌을 통해 생기며 이것은 자신에 대한 비판적 평가나 도덕적 억압, 죄의식 등이 포함된다. 한편 자아 이상은 아동이 긍정적인 일을 했을 때 부모로부터 받는 보상이나 칭찬으로부터 발달하며 아동이 목표나 포부를 갖게 하고 자존심과 긍지를 느끼게 해준다. 초자아는 오이디푸스 콤플렉스(Oedipus Complex)가 해결되는 기간에 아버지와 동일시함으로써 형성된다. 그러므로 아버지는 도덕적 상징자로서 중요한 역할자가 된다.

6) 방어기제(defence mechanism)

방어기제는 자아가 합리적인 방법으로 자신이 느끼는 불안감을 해결하지 못할 때 자신이 의식하지 못하는 가운데 비현실적인 방법으로 불안감을 제거하려고 하는 무의식적인 심리적 기제를 말한다. 방어기제는 개인이 불안에 대처하도록 도우며 상처 입은 자아를 방어해준다(최진호 역, 2005; 이상복 역, 1998).

(1) 억압(repression)

사회적이나 윤리적으로 용납될 수 없다는 생각되는 충동이나 욕구, 소망을 갖고 있으나 이것이 의식되지 않도록 무의식 상태에 있는 것, 예를 들면, 부모가 빨리 돌아가시기를 바라는 마음을 완강하게 부정하나 무의식 중에는 그런 소망이 있다.

(2) 합리화(rationalization)

다른 그럴 법한 이유를 찾아 자신의 감정을 정당화하는 것, 예를 들면, 연인 관계의 경쟁자를 싫어하는 이유로 생김새나 옷차림이 마음에 들지 않는다고 한다.

(3) 투사(projection)

사회적으로 인정받을 수 없는 자신의 행동과 생각을 남의 탓으로 돌리는 것, 예를 들면, 지나치는 사람들의 표정에서 그들이 자신을 비웃는다고 생각한다.

(4) 전위(displacement)

감정을 직접 표현하지 못하고 다른 대상에게 표현하는 것, 예를 들면, 좋아하는 사람에게 구애하지 못하고 그 동생과 아주 친해진다. 남편에 대한 화풀이를 자식에게 한다.

(5) 반동형성(reaction formation)

실제로 느끼는 감정을 직접 표현하기에 너무 강한 상대(예: 부모, 상사)에게 오히려 그 반대 감정을 노골적으로 드러내는 것, 예를 들면, 무의식적으로는 상사를 미워하지만 (그걸 드러내면 자신이 위태롭다) 의식적으로는 그를 아주 존경한다.

(6) 동일시(identification)

자신보다 강한 상대의 가치관이나 특성에 자기를 맞춤으로써 자신의 약함을 감추려는 것, 예를 들면, 청소년들이 인기인의 의상을 모방함으로써 자신의 가치를 찾는다.

(7) 부정(denial)

용납하기 힘든 사건의 의미를 부정하는 것, 예를 들면, 죽어 가는 딸을 가진 부모가 죽음을 슬퍼하기보다 '딸이 천당에 간다'라며 태연해한다.

(8) 이지화(intellectualize)

정서적인 문제를 이성적으로 설명하여 감정을 느끼지 않으려 하는 것, 예를 들면, 첫 해부 실습을 하는 의대생이 '이것은 과학의 발전을 위한 것이다' 하며 끔찍함을 느끼지 않으려고 한다.

(9) 퇴행(regression)

생의 초기에 성공적으로 사용했던 생각이나 감정과 행동에 의지하여 자기 자신의 불안이나 위협을 해소하려는 것, 예를 들면, 심한 충격을 받은 사람이 갑자기 어린아이처럼 행동한다.

(10) 고착(fixation)

퇴행이 심각하거나 정상적인 발달이 이루어지지 않을 때, 욕구가 충분히 충족되지 않았던 발달 시기에 머무는 것, 예를 들면, 어머니의 사랑을 충분히 받지 못한 아이가 나이가 든 후에도 어머니의 사랑을 계속 확인하고 의존하려 한다.

(11) 억제(control)

해롭고 바람직하지 못한 생각과 충동에 대해서 의식적으로 통제하는 것, 이 기제는 억압과 같은 목적을 갖고 있지만 개인의 의식적 의도가 있는 것이다. 예를 들면 현재 해결할 수 없는 문제를 잠시 잊기로 결정하는 것이다.

(12) 승화(sublimation)

정서적 긴장이나 원시적 에너지의 투입을 사회적으로 인정될 수 있는 행동 방식으로 표출하는 것, 예를 들면, 못생긴 사람이 열심히 공부하는 것, 공격적인 본능을 스포츠나 예술 활동으로 발산하는 것이다.

(13) 히스테리(hysteria)

사람이 어렵고 힘든 상태에서 잘 벗어날 수 있는 신체적 증상을 발달시키는 기제로, 기질적 장애가 없는데도 실제로 신체적 고통을 느낀다.

(14) 자기 파괴적 행동(Self-Defeating Behavior)

무의식적으로 자신을 실패나 불행으로 몰아넣는 행동이다. 예를 들면, 중요한 시험 전날 과도하게 술을 마시는 행동이다.

7) 심리성적 성격 발달 단계

프로이트는 인간의 성적 에너지인 리비도(libido)의 집중에 따른 심리성적 발달(psychosexual development) 단계를 제시하면서 각 단계에서 어떤 경험을 하느냐에 따라 개인의 성격 형성이 결정된다고 하였다. 리비도는 성적 에너지로써, 인간이 성숙함에 따라 리비도는 생리적 쾌감을 얻게 되는 주요 신체 부위에 집중되게 된다. 집중되는 부위는 연령에 따라 변화하기 때문에 프로이트는 리비도가 집중되는 신체 부위를 중심으로 구강기, 항문기, 남근기, 잠복기, 생식기로 심리성적 발달단계를 나누었다. 프로이트가 제시한 발달단계의 특성은 다음과 같다(Freud, 1940; 강영계, 1995).

(1) 구강기(oral stage)

출생에서 1세까지로 유아는 입을 통해 쾌락을 얻는다. 생후 1년간은 입이 성적, 공격적 욕구 충족을 하는 신체 부위가 되며, 입, 입술, 혀, 잇몸 등을 자극하는 데서 만족을 느끼기 때문에 빨고, 삼키고, 깨물면서 만족을 얻는다. 구강기에는 수동적으로 어머니의 보살핌을 받으며 생활하기 때문에 유아는 의존적이고 다른 사람으로부터 분화되지 않은 상태이다. 구강 전기에는 어머니에게 접근하고 합치되려는 경향이나 후반기에는 애정과 우호적인 태도를 갖는 동시에 적대적이며 파괴적인 태도를 갖게 된다. 이때 유아는 최초의 양 감정을 경험하게 된다. 구강기 전반기에 좌절 혹은 방임을 경험하면 구강 수동적 성격이 되며, 이 성격은 낙천적이고 타인에게 의존적이며, 모든 것을 희생해서라도 인정받고 싶어 한다. 구강기 후반기에 고착되는 구강 공격적 혹은 구강 가학적 성격의 특징은 논쟁적이고 비꼬길 잘하며, 타인을 이용하거나 지배하려고 한다.

(2) 항문기(anal stage)

항문기란 대소변을 가리는 훈련이 시작되는 1세 내지 1세 반에서 3세까지로 리비도가 항문에 집중하는 시기를 말한다. 이 시기의 유아는 신경계의 발달로 괄약근을 수의적으로 조절할 수 있다. 괄약근의 발달로 아동은 마음 내키는 대로 배설하거나 보유할 수 있다. 그러나 대소변 훈련이 시작되면서 유아의 본능적 충동은 외부에 의해, 즉 양육자인 어머니에 의해 통제된다. 유아는 자신이 원하는 때에 배변을 하기 원하나 어머니는 사회적 관행을 따르도록 하며 유아는 배변 시기를 조정하기 위해 갈등하며 욕구의 만족을 늦추어야 할 필요성에 의해 자아가 발달한다. 부모는 배변 훈련 시 옳고 그름에 대해 말하고 유아는 부모에 동조하며 부모의 의견을 내면화시켜서 이를 따르게 된다. 이것이 초자아 발달의 시초가 되며, 배변 훈련이 성공하면 유아는 사회적 승인을 얻는 쾌감을 경험하게 된다. 부모가 거칠게 혹은 억압적으로 훈련하여 고착된 항문기 강박적 성격은 고집이 세고 인색하며, 복종적이고 시간을 엄수하며, 지나치게 청결한 특징을 가진다. 반대로 지나치게 관대하여 고착된 항문기 폭발적 성격은 잔인하고 파괴적이며, 난폭하고 적개심이 강하며, 불결한 특징을 갖는다.

(3) 남근기(phallic stage)

남근기는 3세에서 6세로 리비도가 아동의 성기로 집중되는 시기로 아동은 자신의 성기를 만지고 자극하는 데서 쾌감을 느끼는 시기를 말한다. 이 시기부터 원초아, 자아, 초자아는 역동적으로 작용하기 시작한다. 남근기의 가장 중요한 상황은 오이디푸스 콤플렉스와 엘렉트라 콤플렉스로 아동이 이성의 부모에게 성적 관심을 갖고 접근하는 욕망을 가리킨다. 남아는 어머니에 애착을 느껴 아버지를 경쟁자로 생각하고 적대감을 느끼며, 거세불안을 느끼게 된다. 그러나 이 불안을 해소하기 위해 어머니가 인정하는 남성 다움을 갖기 위해 동성의 부모에게 성적 동일시를 함으로써, 남자아이는 남자답게, 여자아이는 여자답게 행동하려고 애쓴다. 남근기에 고착된 남자는 경솔하고, 과장이 심하며, 야심이 강하고 여자는 경박하고 유혹적이다.

(4) 잠복기(latent stage)

잠복기는 6세에서 12, 13세까지로 리비도의 신체적 부위는 특별히 한정된 데가 없고 성적인 힘도 잠재된 시기이다. 이 시기에는 오이디푸스 콤플렉스를 극복하고 난 후의 평온한 때로 성적 욕구가 철저히 억압되어 비교적 자유롭지만 그 감정은 무의식 속에 계속 존재한다. 다시 말하면 원초아는 약해지고 자아와 초자아는 강력해지며 성격에서 이루어지는 주요한 발달은 초자아의 기능이다. 리비도의 지향 대상은 친구, 특히 동성의 친구로 향하고 동일시 대상도 주로 친구가 된다. 잠복기 아동의 에너지는 지적인 활동, 운동, 친구와의 우정 등에 집중된다. 잠복기에 고착되면 성인이 되어서도 이성에 대한 정상적인 친밀감을 갖지 못하고 이성과의 관계를 회피하거나 정서적 감정 없이 단지 공격적인 방식으로 성적 행동을 한다.

(5) 생식기(genital stage)

생식기는 사춘기부터 성적으로 성숙되는 성인기 이전까지의 시기로 심한 생리적 변화가 특징이며 격동적 단계로 불린다. 호르몬과 생리적 요인들로 인해 그동안 억압되었던 성적 감정들이 크게 강화되면서 잠복기 동안 억제되었던 성적, 공격적 충동이 자아와 자아의 방어를 압도할 정도로 강해진다. 따라서 이전의 방어 양식들은 적절치 않게 되고 광범위한 재적응이 요구된다. 사춘기 전기에는 리비도가 다시 유아기의 애정 대상을 지향한다. 원초아가 우세할 때는 지나치게 쾌락 추구에 몰두해 공격성, 야수성, 범죄 행동이 왕성해지며, 반대로 자아가 너무 표면화되면 불안이 심해지고 금욕주의, 지성화의 경향이 강해져서 원초아를 억제하고 자아를 방어하려고 애쓴다. 사춘기에는 성적 성숙이 다 이루어져서 사춘기 전기의 불안은 사라진다. 이 시기에는 부모에 대한 관심이 사라지고 가족 밖에서 연장자와의 친교를 가지며, 이성을 향한 성욕 충족을 추구한다. 이러한 성적 욕구는 독서, 운동, 자원봉사 등 다른 활동을 통해 승화되기도 한다. 이 시기에 성격 발달을 위해서는 근면을 배워야 하고 즉각적인 만족을 지연시켜야 하며 책임감이 있어야 한다.

각 단계에서 아동은 쾌감을 충분히 느끼지 못하거나 지나치게 몰두하면 고착 현상을 일으켜 다음 단계로의 발달이 순조롭지 않고 인성(personality) 문제가 해결되지 않은 채 남게 되어 무의식 가운데서 계속 활동하여 수년 후에 나타날 수도 있다고 하였다. 프로이트는 인간의 성격 발달은 5세경에 거의 완성되기 때문에 그 이전의 경험이 성격 형성에 중요한 영향을 미친다고 하였다. 또한, 그 이후의 성장은 성격의 기본 구조가 마무리되는 과정이라고 하면서 인간의 성격을 원초아(id), 자아(ego), 초자아(superego)로 구성된다고 개념화하였다.

8) 프로이트의 정신분석 이론과 사회복지 실천의 함의

프로이트의 정신분석 이론은 인간의 정신 구조와 무의식의 중요성을 강조하며, 인간행동을 이해하고 치료하는 데 많은 영향을 미쳤다. 이 이론은 사회복지 실천에서도 중요한 함의를 가질 수 있으며 구체적으로, 프로이트의 정신분석 이론이 사회복지 실천에 미치는 영향은 다음과 같다 (Ashford, LeCroy & Lortie, 2018; Hepworth, Rooney & Larsen, 2016).

(1) 무의식의 이해

프로이트는 인간의 많은 행동이 무의식적인 동기에서 비롯된다고 주장했다. 사회복지사는 클라이언트의 행동을 이해할 때, 표면적인 문제만을 다루기보다는 그 이면에 있는 무의식적인 감정과 갈등을 파악하려고 해야 한다. 예를 들어, 아동이나 청소년이 문제 행동을 보일 때, 그 행동이 무의식적으로 억제된 감정이나 욕구의 표현일 수 있음을 인식해야 한다.

(2) 심리적 갈등의 다루기

프로이트는 인간의 마음이 이드(원초적 욕구), 자아(현실적 사고), 초자아(도덕적 기준)라는 세 가지 주요 요소로 이루어져 있다고 설명했다. 사회복지 실천에서, 클라이언트가 겪고 있는 갈등이 자아와 초자아 간의 충돌에서 비롯된 것일 수 있으며, 이를 해결하려면 자아가 균형을 잡을 수 있도록 도와주는 접근이 필요하다. 심리적 갈등을 해결하는 데 있어 사회복지사는 클라이언트가 자아를 강하게 하고, 감정을 건강하게 표현할 수 있도록 지원하는 역할을 할 수 있다.

(3) 방어기제의 이해

프로이트는 사람들이 불안과 스트레스를 다루기 위해 방어기제를 사용한다고 했다. 예를 들어, 억압, 합리화, 투사 등의 방어기제가 등장할 수 있는데, 사회복지사는 클라이언트가 어떤 방어기제를 사용하고 있는지 파악하고, 이를 극복하도록 돕는 방법을 모색해야 한다. 예를 들어, 클라이언트가 스트레스나 트라우마를 겪을 때, 그들의 방어기제를 인식하고 이를 건강하게 해소하는 방법을 제시할 수 있어야 한다.

(4) 자아의 발달과 성격 형성

프로이트의 이론에서는 어린 시절 경험이 성격 형성에 큰 영향을 미친다고 보았다. 사회복지사는 클라이언트가 겪은 어린 시절의 트라우마나 부정적인 경험이 현재의 행동이나 사고방식에 어떻게 영향을 미쳤는지를 탐구할 수 있어야 한다. 이를 통해, 과거의 경험을 치유하고 새로운 자아를 구축하는 데 도움을 줄 수 있다.

(5) 전이와 역전이의 개념

전이는 개인이 다른 사람과의 관계에서 이전의 중요한 관계를 반복하는 심리적 현상이다. 사회복지사는 클라이언트와의 관계에서 이러한 전이를 이해하고, 이를 치료적 관계로 활용할 수 있어야 한다. 또한 역전이를 통해 클라이언트가 사회복지사를 어떻게 경험하는지 파악하고, 그로 인해 관계의 역동을 조정할 수 있다.

(6) 심리치료적 접근

프로이트의 정신분석은 깊은 심리 치료적 접근을 강조하는데, 사회복지사는 클라이언트와의 대화를 통해 무의식적인 내용과 심리적 갈등을 탐구할 수 있어야 한다. 이를 통해 치료적인 대화, 자유 연상, 꿈 분석 등의 기법을 사회복지 실천에 통합하여 클라이언트가 내면의 갈등을 해소하고 성장할 수 있도록 지원할 수가 있다.

결론적으로 프로이트의 정신분석 이론은 사회복지 실천에서 클라이언트의 심리적 복잡성을 이해하고, 그들의 문제를 해결하는 데 중요한 도구가 될 수 있다. 무의식, 방어기제, 심리적 갈등 등을 이해하는 것이 클라이언트 중심의 치료적 관계를 형성하고, 효과적인 사회복지 실천을 이끄는 데 필수적인 요소로 작용할 수 있다.

2. 에릭슨의 심리사회적 성격이론

에릭슨(Erik Erikson, 1902~1994)

1) 에릭슨의 생애

에릭 에릭슨(Erik Erikson, 1902~1994)은 독일 출신의 심리학자이자 정신분석학자로, 인간 발달 이론을 통해 유명하다. 특히 그는 인간 발달을 여러 단계로 나누어, 각 단계에서 겪는 심리적 위기를 해결하며 성격이 형성된다고 주장한 것으로 잘 알려져 있다.

▶ 주요 생애

- 초기 생애: 에릭 에릭슨은 독일 프랑크푸르트에서 태어났다. 그의 아버지는 덴마크인이고 어머니는 유대인 혈통이었으며, 부모는 그가 어린 나이에 이혼하였다. 그의 초기 삶은 불안정했고, 그의 성격 형성에 중요한 영향을 미쳤다.

- 심리학에 대한 관심: 에릭슨은 원래 미술을 공부했으나, 후에 심리학에

관심을 가지게 되었고, 정신분석학의 창시자인 지그문트 프로이트의 이론을 따르게 되었다. 그는 프로이트의 이론을 발전시키고 보강하는 작업을 했으며, 또한 프로이트의 이론이 성인 발달에만 초점을 맞추고 있다는 점에 의문을 제기했다.

- 미국 이주: 1930년대 중반, 그는 미국으로 이주하여 정신분석학자였던 안나 프로이트(프로이트의 딸)와 함께 작업을 하였다. 그의 정신분석적 연구는 주로 인간 발달에 관한 것이었고, 그는 교육 및 아동심리학 분야에서 중요한 역할을 했다.

- 에릭슨의 발달 이론: 그의 가장 유명한 이론은 "심리 사회적 발달 이론"이다. 이 이론은 인간 발달을 8단계로 나누어 각 단계에서 개인이 직면하는 주요 위기와 이를 해결하는 방법에 대해 설명하였다. 그는 인간 발달을 삶의 전 과정에 걸쳐 지속적인 변화와 도전의 과정으로 보았다.

▶ 후반 생애와 업적

에릭슨은 다양한 교육기관에서 교수로 재직하며, 심리학과 교육학 분야에서 중요한 기여를 했다. 그의 연구는 특히 아동 발달, 청소년기, 그리고 성인기의 변화를 이해하는 데 많은 영향을 끼쳤다.

에릭슨은 1994년에 미국 캘리포니아에서 사망하였다. 그의 심리 사회적 발달 이론은 오늘날에도 많은 심리학자와 교육자들에게 영향을 미치고 있으며, 인간 발달을 다루는 중요한 이론 중 하나로 여겨진다.

2) 에릭슨 이론의 인간관

에릭슨(Erik Erikson)은 심리학자이자 정신분석학자로, 인간 발달의 심리 사회적 이론으로 잘 알려져 있다. 그는 인간의 발달이 일생을 통해 지속적으로 이루어진다고 주장하며, 각 단계에서 개인이 해결해야 하는 심리 사회적 위기가 있다고 보았다. 에릭슨의 이론은 8단계로 구성되며, 각 단계에서 개인은 특정한 사회적, 정서적 문제를 경험하게 된다. 이 과정에서 긍정적으로 해결할 경우 건강한 자아 정체성을 형성하게 되며, 부정적으로 해결할 경우 발달적 위기를 겪게 된다고 하였다(이재훈 역, 2003).

에릭슨의 인간관은 다음과 같은 특징이 있다.

(1) 발달의 지속성: 에릭슨은 인간 발달이 출생부터 죽음까지 지속된다고 보았다. 그는 발달이 단절적이지 않고, 각 단계에서의 경험이 다음 단계로 영향을 미친다고 강조하였다.

(2) 심리 사회적 위기: 각 발달 단계에서는 특정한 심리 사회적 위기가 존재한다고 보았고 이 위기는 사람의 성격과 자아 정체성 형성에 중요한 영향을 미친다고 하였다. 예를 들어, 유아기에는 '신뢰감대 불신감'의 위기가 있으며, 청소년기에는 '정체성 대 역할 혼란'의 위기가 발생한다.

(3) 사회적 상호작용의 중요성: 에릭슨은 사회적 상호작용과 대인관계가 개인 발달에 핵심적인 역할을 한다고 보았다. 즉, 인간은 사회적 존재로서 타인과의 관계 속에서 자신을 이해하고 성장한다는 점을 강조했다.

(4) 긍정적인 발전 가능성: 그는 각 발달 단계에서 겪는 갈등이나 위기를 극복하면서 개인은 긍정적으로 발전할 수 있다고 믿었다. 예를 들어, 위기의 해결은 개인의 자아존중감을 높이고, 전반적인 정신적

건강을 증진시킬 수 있다고 하였다.

따라서 에릭슨의 이론은 인간 발달에 대한 깊은 이해를 제공하며, 교육, 상담, 정신건강 분야에서 널리 활용되고 있다.

3) 주요 개념

(1) 점성설

에릭슨의 발달 이론은 점성적(epigenetic) 원리에 기초한다. 점성적 원리란 인간 발달은 계통 발생적으로 상호 관련된 일련의 단계를 거치면서 점진적으로 형성된다는 것이며 처음부터 잠재적으로 존재하는 인간의 특성들이 발달의 결정적 시기에 발달하면서 동시에 전체적으로 통합된다고 보는 원리이다.

(2) 자아 정체감 위기

자아 정체감(self-identity)이란 "나는 틀림없는 무엇이다" 또는 "나는 누구이다"라고 느끼는 것을 뜻한다. 인간은 발달과정에서 각 발달 단계가 내포하고 있는 자아 통합의 갈등 혹은 위기를 겪게 되는데 이를 자아 정체감 위기(identity crisis)라고 한다. 자아 정체감 위기는 특히 청년기 혹은 성년 전기에 두드러지지만 인간은 인생 전체의 각 발달 단계에 걸쳐서 이 위기를 거듭 경험한다.

4) 심리 사회적 성격 발달 단계

정신분석학자로서 프로이트와 함께 아동 발달에 지대한 영향을 끼친

학자가 에릭슨이다. 에릭슨은 프로이트의 이론에 대부분 찬성했지만 몇 가지 면에서 분명한 차이를 보였다. 프로이트의 이론이 내적 본능에 보다 강조점을 두었다면 에릭슨은 발달이란 내적 본능과 사회, 문화적 요구가 서로 상호작용한 결과로 보았으며, 특히 자아를 중시하였다.

에릭슨은 인간의 발달을 8단계로 나누고 각 단계별로 극복해야 할 심리 사회적 위기와 발달 과업을 제시하였다. '신뢰감 대 불신감'처럼 영아기 때 심리 사회적 위기를 잘 극복하면 신뢰감을, 그렇지 못하면 불신감을 얻게 된다는 식으로 에릭슨은 발달 과업의 성취 여부를 양극의 개념으로 설명하였다. 그러나 에릭슨이 말하는 건강한 해결은 반드시 완벽하게 긍정적인 것을 의미하는 것은 아니며, 부정적인 것보다 긍정적인 부분의 비율이 더 많으면 그것으로 심리 사회적 위기를 건강하게 해결했다고 본다.

에릭슨의 심리 사회적 발달 단계의 특성은 다음과 같다.

(1) 1단계 영아기: 신뢰감 대 불신감이 형성되는 단계(0~1세)

이 시기는 프로이트의 구강기에 해당하는 시기로써, 성취해야 할 긍정적인 과업은 기본적인 신뢰감이다. 이 신뢰감은 자신과 타인과 세상에 대한 신뢰감으로서 그것의 형성은 어머니의 일관성 있는 양육의 질에 달려 있다. 배고플 때 먹여 주고, 쌌을 때 갈아 주며, 졸릴 때 재워 주고, 불편할 때 돌보아 줌으로써 아이들은 자신을 잘 대접해 주는 타인을 신뢰하게 되고, 타인이 자신을 그렇게 잘 대접해 주는 것을 보니 내가 믿을 만한 존재라는 생각을 갖게 되며, 나아가 이 세상은 내가 '앙' 하고 울기만 해도 모든 어려움이 해결되는 살만한 곳이라는 믿음을 형성하게 된다. 따라서 어머니가 아이를 친밀하게 대하고 지속적이고 일관성 있게 대한다면 아이들은 신뢰감을 형성해 간다. 그러나 만일 부모가 부모 역할에 대한 자신감이 부족해서 아이를 대하는 방식에 혼란을 일으키거나, 일관성 없는 양육을 하게 되면 아이들은 불신감을 형성하게 된다.

(2) 2단계 유아기: 자율성 대 수치심이 형성되는 단계(2~3세)

이 시기는 프로이트의 항문기에 해당하는 시기로서, 성취해야 할 긍정적인 과업은 자율성이다. 이 시기의 아이는 보다 독립적으로 환경을 탐색하고 이와 상호작용하기 시작한다. 혼자서 옷 입고, 먹고, "내가 할 거야", "나 혼자서 할 수 있어" 하면서 외계를 탐색하고 선택하고 조작하려는 욕구가 강하게 나타난다. 이때 부모가 아이들을 한 인간으로 존중해 주고, 아이들이 자신의 삶에 영향을 미치는 활동들을 자유롭게 조절하고 통제할 수 있도록 허용해 줄 때 자율성은 발달된다. 그러나 자율성을 발달시키기 위해 아이에게 무제한의 자유를 주라는 것은 아니며, 아이 자신에게 해롭고 타인에게도 파괴적일 수 있는 어떤 부분에 대해서는 합리적이고 엄격한 제한을 가해야 한다는 것을 유의할 필요가 있다. 자율과 방종은 다르기 때문이다. 만일 자유롭게 환경을 탐색하고 조절할 수 있는 기회를 잘 제공해 주지 않으면 아이들은 의심과 수치심에 사로잡힐 수 있다. 아이 혼자서도 할 수 있는 일인데 어머니가 항상 옷을 입혀 준다거나, 밥을 먹여 준다거나 하면 아이들은 "내가 능력이 없나 보다" 하고 자신의 능력에 대해 의심하고, 또 부모가 아이 스스로 할 수 없는 일을 아이가 하기를 기대하고 강요한다면 아이는 자신의 무능함에 대해 수치심을 느끼게 되는 것이다. 과잉보호나 무관심이 좋지 않은 결과를 초래한다는 것은 이미 널리 알려진 사실이다.

(3) 3단계 아동기: 주도성 대 죄책감이 형성되는 단계(4~5세)

이 시기는 프로이트의 남근기에 상응하는 시기로서, 성취해야 할 긍정적인 과업은 주도성이다. 주도성이란 아동이 자신과 자기 세계를 구성하는 것에 대해 책임 의식을 갖는 것을 말한다. 이 시기의 아이들은 새로운 것을 해 보려는 호기심이 많으며, 내 인형, 내 숟가락, 내 물컵, 내 동생 등 무언가를 내가 책임지는 데 관심을 갖는다. 이때 부모가 자녀의 호기심을 인식하고, 자녀의 환상적 행동을 우스꽝스럽게 여기거나 금지하지 않아야 주도성은 더욱 발달된다. 그러나 만일 아이 스스로 어떤 일을 완수할 수 있도록 하는 기회를 주지 않거나 이성 부모와 애정을 주고받고자 하는 욕구에 대해서 과도하게 벌을 줄 경우에 아이는 죄의식에 사로잡히게 된다.

(4) 4단계 학령기: 근면성 대 열등감이 형성되는 단계(6~11세)

이 시기는 프로이트의 잠재기에 해당하는 시기로서, 성취해야 할 긍정적인 과업은 근면성이다. 이 시기의 아이들은 성취동기가 강하다. 학교에 들어가서 사물이 만들어지고 조작되는 기술적인 방법들을 배우게 되면서 "열심히 공부해서 훌륭한 사람이 되자"는 생각을 가지게 된다. 이때 부모는 아이들이 열심히 하고자 하는 일을 격려하고 칭찬해 줌으로써 아이의 근면성을 더욱 발달시킬 수 있다. 그러나 아이들을 열등감에 빠뜨리는 가장 커다란 적은 비교다. 공부하는 면이나 생활하는 면에서 스스로 자기 친구나 가족 구성원과 비교하여 부족함을 느낄 때 열등감에 사로잡힐 수 있으며, 또한 부모나 선생님들로부터 자신을 다른 사람과 비교하는 말을 자주 듣게 되면 열등감에 사로잡힐 수 있다.

(5) 5단계 청소년기: 정체성 대 정체성 혼미를 형성하는 단계(12~18세)

이 시기에 성취해야 할 긍정적인 과업은 자아 정체감이다. 이 시기는 어린이도 어른도 아니면서 성인기에 요구되는 여러 가지 사회적 요구와 역할 변화를 겪게 되는 혼돈의 시기다. 이러한 혼돈의 시기에 청소년은 다른 사람과의 상호작용을 통해 '나는 이런 사람이야'라고 생각하고 있는 것이 맞다는 것을 확인받고, 실제로 자신의 모습이 현실적으로 그러할 때 '나의 정체는 이것'이라는 자신감을 획득하게 된다. 이때 적절한 성적 정체감의 발달과 직업에 대한 탐색 및 선택은 개인의 정체감 발달에 필수적이다. 그러나 어린 시절의 불행한 경험이나 현재의 사회환경 때문에 정체감 형성에 실패하게 되면 '정체감의 위기', 즉 정체성 혼미에 빠지게 된다. 나는 누구이며, 무엇을 하고 살아야 할 것인지, 어떤 역할을 수행해야 하는지 알지 못하고 방황의 수렁에 빠져서 무력감, 혼란감, 허무감을 경험한다.

(6) 6단계 성인초기: 친밀감 대 고립감이 형성되는 단계(18~24세)

이 시기는 공식적인 성인 생활이 시작되는 시기로서, 성취해야 할 긍정적인 과업은 친밀감이다. 이 시기에 젊은 성인은 으레 정력적으로 일하고 다른 사람과 더불어 성적 친밀감과 사회적 친밀감을 형성해 나간다. 그런데, 자신이 하는 일이나 타인과 정말로 친밀한 관계를 획득하려면 자신이 누구이며 무엇인가에 대한 확고한 느낌, 즉 자아 정체감이 발달되어 있어야 한다. 그러나 자아 정체감의 발달이 제대로 이루어지지 않아 친밀한 관계 형성에 실패하게 되면 공허감이나 소외감을 느끼기 쉬운데, 이런 사람들은 대개 자아도취에 빠져서 공식적이고 피상적인 인간관계만을 추구하고, 자기가 하는 일에 진정으로 참여하지 못하고 겉돌며, 때론 직업을 쓸모없는 것이라고까지 생각하는 경향이 있다.

(7) 7단계 성인기: 생산성 대 침체성(25~65세)

이 시기는 인생의 중반기에 해당하는 시기로서, 성취해야 할 긍정적인 과업은 생산성이다. 생산성은 무엇인가를 만들어 내는 것을 의미한다. 선대가 후대를 생산하고 양육하며 교육시키는 이 모든 일은 인류문명과 문화를 전수하는 매우 중요한 생산 과업이다. 또한 자신이 수행하고 있는 일에서 어떤 종류의 업적을 이루어 내는 것도 생산성에 해당한다. 이러한 생산성은 자신의 안위를 넘어서 타인과 인류의 복지를 위한 관심과 배려에서 비롯된 것이라고 할 수 있다. 만일 생산성의 과업을 성취하지 못하게 되면 개인적 이득이나 만족만을 추구하는 자기도취의 상태에 빠져 자신을 제외한 누구에게도 관심을 주지 않게 된다. 그 결과 인간관계는 황폐화되고 자신의 활동은 침체되어 우리가 잘 아는 "중년의 위기", 즉 인생무상과 절망의 느낌을 갖게 된다.

(8) 8단계 노년기: 통합성 대 절망감(65세 이후)

이 시기는 인간이 지금까지의 자신의 노력과 성취에 대해서 반성하는 시기로서, 성취해야 할 긍정적인 과업은 자아 통합이다. 자아 통합은 자신이 지금까지 살아온 자기 인생을 돌이켜 보고 "이만하면 만족한다", "나는 후회 없이 산 것 같다. 이제 죽어도 여한이 없다"라고 확신할 때 생긴다. 만일 이러한 확신이 결여되어 있다면 죽음에 대한 두려움, 자기 인생을 되돌릴 수 없는 것에 대한 후회, 희망했던 것에 대한 끊임없는 미련이 생기고 절망에 빠진다.

6) 에릭슨의 심리 사회적 발달과 사회복지 실천의 함의

사회복지 실천에서는 각 발달 단계에서의 갈등을 이해하고, 클라이언트가 겪고 있는 문제를 심리 사회적으로 분석하는 데 유용한 이론이 된다. 각 발달 단계에서의 갈등을 적절히 해결하는 것이 클라이언트의 정신적, 정서적 복지에 큰 영향을 미치기 때문에 사회복지 실천에서도 중요한 함의를 가질 수 있으며 구체적으로, 에릭슨의 심리 사회적 발달 이론이 사회복지 실천에 미치는 영향은 다음과 같다(Hepworth, 2016).

(1) 발달 단계에 맞는 개입

사회복지사는 클라이언트가 어느 발달 단계에 있는지 파악하고, 그 단계에서 겪는 갈등이나 문제에 맞는 개입을 해야 한다. 예를 들어, 청소년 클라이언트가 정체성 혼란을 겪고 있다면, 정체성 개발을 지원하는 프로그램을 제공할 수 있다.

(2) 정서적 지원 제공

발달 단계에서의 갈등 해결이 중요한데, 사회복지사는 클라이언트가 그 갈등을 해결할 수 있도록 정서적 지원을 제공해야 한다. 예를 들어, '친밀감 대 고립' 단계에 있는 청년에게는 긍정적인 대인 관계를 유지할 수 있도록 돕는 것이 중요하다.

(3) 위기 개입

각 발달 단계에서 갈등이 제대로 해결되지 않으면, 그 후의 발달 단계에서 문제가 발생할 수 있다. 예를 들어, '자율성 대 수치심' 단계에서 자율성을 확립하지 못한 아동은 이후 '주도성 대 죄책감' 단계에서 자아존중감에 문제를 겪을 수 있다. 사회복지사는 위기 개입을 통해 이 문제들을 조기에 해결할 수 있다.

(4) 심리 사회적 지원과 예방적 접근

에릭슨의 이론을 통해 인간 발달에 필요한 심리 사회적 지원을 예방적으로 제공할 수 있다. 예를 들어, 다양한 연령대에 맞춘 프로그램을 통해 발달 갈등을 미리 해결하고, 나아가 사회적 기능 향상과 정신건강을 촉진할 수 있다.

결론적으로 에릭슨의 심리 사회적 발달 이론은 인간의 전 생애 발달을 포괄적으로 이해할 수 있는 틀을 제공한다. 사회복지 실천에서는 클라이언트의 현재 문제를 발달 단계의 맥락에서 분석하고, 그들이 심리 사회적 과제를 성공적으로 해결할 수 있도록 돕는 데 활용된다.

3. 아들러의 개인심리학

아들러(Alfred Adler, 1870~1937)

1) 아들러의 생애

알프레드 아들러(Alfred Adler, 1870~1937)는 오스트리아의 정신과 의사이자 심리학자로, 개인심리학(Individual Psychology)의 창시자로 잘 알려져 있다. 그의 이론은 인간의 성격, 행동, 그리고 사회적 관계의 발달에 대한 중요한 통찰을 제공하며, 현대 심리학에서 여전히 영향력을 미치고 있다.

▶ 주요 경과

- 초기 생애와 교육: 아들러는 오스트리아 빈(Vienna)에서 태어났다. 그는 어린 시절부터 건강이 좋지 않았고, 5세 때에는 폴리오를 앓으면서 신체적으로 어려움을 겪었다. 이러한 경험은 그의 심리학적 관심을 불러일으킨 원동력이 되었다.

- 의학과 정신분석의 초기 관심: 빈대학교에서 의학을 전공하고 1895년에 의사로 졸업후 아들러는 처음에 내과 의사로 일했지만, 아들러는 처음에 내과 의사로 일했지만, 이후 정신과 분야에 관심을 가지게 되면서 지그문트 프로이트와 함께 작업을 시작했으나, 결국 그와의 이론적 차이로 갈라서게 되었다. 아들러는 프로이트의 정신분석 이론을 비판하면서 인간행동의 동기를 성적인 측면에 한정 짓는 것을 거부했다.

- 개인심리학의 발전: 아들러는 "개인심리학"이라는 독자적인 심리학 이론을 발전시켰다. 이 이론은 개인이 사회적 상호작용과 공동체 의식 속에서 자신을 형성하고 성장한다는 관점을 중심으로 한다.
  그는 인간의 주요 동기를 "열등감"으로 보고, 사람들이 이를 극복하려는 "우월성 추구"가 핵심적인 동기임을 주장했으며 이 과정에서 개인의 사회적 관심(social interest)이 중요한 역할을 한다고 강조했다.

- 사망과 유산: 아들러는 1937년, 67세의 나이에 스코틀랜드 에든버러에서 심장마비로 사망했다.
  아들러의 이론은 이후 심리학의 여러 분야에 영향을 미쳤으며, 특히 심리치료, 교육, 사회적 연구 등에 널리 적용되었고 그는 인간의 독특성과 사회적 맥락을 강조하는 접근법으로 많은 심리학자들에게 영감을 주었다.

아들러의 심리학은 인간의 사회적 본성, 개인의 책임, 그리고 삶의 목적을 강조하며, 현재의 심리학 및 치료 분야에서도 여전히 큰 영향을 끼치고 있다.

2) 아들러 이론의 인간관

아들러는 인간은 분리하여 생각할 수 없는 전체적 존재이고, 본질적으로 사회적 존재이기에 사회적으로 동기화되며, 목표를 추구하는 목표지향적이고 창조적인 존재이며, 독립적인 행동을 할 수 있는 주관적인 존재임을 강조했다. 아들러 학파의 개인심리학 이론을 뒷받침하는 주요 인간관은 다음과 같다(최윤미, 2020).

(1) 총체적 존재

아들러는 개인은 나누어질 수 없는 통합적이고 전체적인 존재로 보았다. 즉, 인간은 요소적, 분석적으로 보기보다는 분할할 수 없는 전체로 본다. 인간의 여러 부분의 기능은 전체로서의 개인의 목표에 통합된다. 생활양식이라는 개념은 바로 총체주의라는 가정에 바탕하고 있다. 즉, 인간의 개개 행동은 그가 총체적으로 선택한 생활양식의 관점에서 보아야 한다는 것이다.

(2) 창조적 존재

아들러는 인간을 창조적인 존재로 보았다. 환경과 유전도 중요하지만 인간은 이 두 힘에 의해 수동적으로 반응만 하는 존재가 아니다. 이 두 힘을 능가하는 창의력이 있으며 스스로 선택한 목표에 따라 운명을 개척해 나가는 존재이다. 따라서 인간은 창조적인 힘을 가지고 자기 인생을 좌우할 수 있는 존재이며 자기가 선택한 목표를 향해 운명을 개척하고 창조해 나가는 행위자이다.

(3) 현상학적 존재(현실에 대한 주관적 지각)

아들러는 현상학적인 관점을 수용하여 개인이 세계를 어떻게 인식하느냐 하는 주관성을 강조하였다. 그는 인간을 단순한 반응자가 아닌 창조자로 본 것이다. 아들러는 "모든 경험은 여러 가지의 해석을 낳을 수 있다. 두 사람이 비슷한 경험에서 동일한 결론을 끌어낼 수 없다는 것을 알게 될 것이다."라고 했다. 현실은 객관적이지 않고 주관적이며 공통적이지 않고 개인적이라는 것이다. 따라서 인간은 자신이 경험하고 있는 현재의 상태에서 매 순간 주관적으로 선택하는 존재이다.

(4) 목적적 존재

아들러는 목표, 계획, 이상, 자기결정 등이 인간행동에 있어서 아주 실제적인 힘이 된다고 주장하였다. 인간은 유전과 환경에 반응하는 반응자가 아니라 자기가 선택한 목표를 향해 운명을 개척해가고 창조해 나가는 행위자로 보았다. 즉, 인간은 현재를 바탕으로 미래지향적인 삶의 목적을 향해 노력하는 존재이다.

(5) 사회적 존재

인간은 선한 존재도 악한 존재도 아니지만, 사회 속에서 성장하기 때문에 이타적 동기를 갖게 된다. 인간은 사회 속에서 의미를 부여하며 사회적 관심을 받기 위해 노력하는 존재이다.

따라서 아들러의 인간관은 인간을 사회적 존재로 보고, 인간행동은 개인의 목표와 사회적 관심, 열등감을 극복하려는 노력과 관련이 있다고 설명하였다. 또한, 그는 사람들이 스스로의 삶에 대한 책임감을 가지고, 목표지향적이고 자기계발적인 삶을 살아갈 수 있다고 믿었다.

3) 주요 개념

(1) 생활양식

생활양식은 열등감을 극복하고 우월을 성취하는 과정에서 스스로 창조한 자기 나름의 독특한 생활방식을 의미한다. 생활양식은 사람들이 행동하고 사고하고 느끼는 이유와 삶의 목적, 자아개념, 가치, 태도 등 개인의 독특성을 설명해 준다. 생활양식은 보통 4~5세에 형성되고 그 후에는 거의 변하지 않으며, 가족관계, 사회 경험, 신체적 결함, 환경적 요인의 영향을 받아서 형성된다. 생활양식은 무의식적으로 따르기 때문에 일단 생활양식이 결정되면 외부 세계에 대한 전반적인 태도가 결정된다. 무의식적이라 하더라도 생활양식의 모든 표현은 목적 지향적이다. 개인의 생활양식을 통해 그가 추구하는 우월의 목표와 그의 독특한 방법 그리고 자신과 세계에 대한 자신의 의견을 이해한다는 것이 개인심리학의 기본원리다. 아들러는 생활양식은 서로 연관되어 있는 세 가지 중요한 인생 과제인 일, 우정, 사랑에 대해 개인들이 어떻게 접근하는지를 관찰함으로써 이해될 수 있다고 하였다(김정일 역, 2015; 최윤미, 2019; Ansbacher & Ansbacher, 1956).

사회적 관심과 활동 수준에 따른 생활양식은 다음과 같이 지배형, 기생형, 회피형, 사회적 유용형이 있다.

① 지배형은 부모가 지배하고 통제하는 독재형으로 자녀를 양육할 때 나타나는 생활양식이다. 이들은 자신의 인생 과제를 해결하는 에너지는 매우 높지만 사회적 관심은 적어서 타인을 지배하고 통제하는 지배적 양식을 가진다. 독선적, 공격적, 활동적이며 외부 세계를 지배하려는 태도를 가지고 인생 과업에 공격적이고 비사회적인 방법으로 대처한다.

② 기생형은 부모가 자녀를 지나치게 과잉보호할 때 나타나는 태도다. 부모가 독립심을 길러주지 못해 스스로 인생의 문제들을 해결하지 못하고 다른 사람들에게 의존하여 살아가는 것이다. 이들은 기생적인 방법으로 외부 세계와 관계하며 다른 사람에게 의존하여 자신의 욕구를 충족시킨다.

③ 회피형은 매사에 소극적이며 부정적인 특성을 가지는 것으로 자신감이 없어서 적극적으로 직면하는 것을 피하는 것이다. 부모가 자녀 교육을 할 때 자녀의 기를 꺾어 버리는 것이 이러한 회피형 생활양식을 갖게 한다. 성공에 대한 욕구보다 실패에 대한 두려움이 더 강하여 인생 과업으로부터 도피하고 실패를 면하려 사회적으로 무익한 행동을 취한다.

④ 사회적 유용형은 높은 사회적 관심과 높은 수준의 활동을 보인다. 이 형의 사람은 성숙하고 긍정적이고 심리적으로 건강한 사람의 표본이 된다. 이들은 사회적인 관심이 많아서 자신과 타인의 욕구를 동시에 충족시키는 한편, 인생 과제를 완수하기 위해 타인과 협력하고 타인의 안녕에 기여한다.

(2) 열등감과 보상

아들러는 열등감이 인생 전반에 걸쳐서 커다란 영향을 미치고 있음을 통찰하고 열등감이 인간의 삶에 미치는 영향, 특히 열등감과 인간의 정신병리 현상의 관계를 밝혔다. 아들러는 인간은 누구나 열등한 존재로 태어나므로 인간이 된다는 것이 곧 열등감을 갖는 것이라고 하였다. 열등감은 신체적인 결함뿐만 아니라 심리적 또는 사회적 열등감도 포함된다. 아들러에게는 열등함이 중요한 것이 아니라 이러한 생득적인 열등감을 인간이 어떻게 받아들이고 대응해 나가느냐가 더 중요하다. 즉, 열등감은 객관적인 원인에서보다는 주관적으로 어떻게 느끼는가가 더 결정적인 영향을 미친다. 아들러는 인간이 열등감을 어느 정도 경험하느냐에 따라서 열등감을 갖는 것은 필요하고 나아가 바람직하다고까지 말한다. 열등감은 인간이 지닌 잠재 능력을 발달시키는 자극제 또는 촉진제로서의 역할을 하기 때문이다. 열등감 때문에 근본적으로 모든 인간은 무언가를 추구하려는 동기, 즉 우월을 추구하려는 기본 동기를 가지기 때문이다. 보상이란 어떤 결함이 있는 사람이 연습이나 훈련을 통해 이를 보완하려는 것으로 열등감은 이를 극복하고 보상하기 위해 우월을 추구하도록 이끈다.

열등감의 원인에는 개인의 신체와 관련된 기관 열등감이 있다. 이는 개인이 부모에게서 물려받은 자신의 신체에 대하여 어떻게 생각하는가와 관련된 것으로 유전, 외모, 건강과 관련되어 가지는 열등감이다. 부모의 양육 태도와 관련된 열등감의 원인에는 과잉보호와 양육 태만이 있다. 과잉보호는 자녀를 얼마나 독립적으로 키우느냐 의존적으로 키우느냐에 따른 부모의 교육방식에서 비롯된 것으로 과잉보호의 경우 스스로 문제를 해결하기보다는 부모의 도움을 받으려 하기 때문에 자신감이 부족하다. 이들은 자신이 인생의 어려운 고비에 부딪혔을 경우 해결할 능력이 없다고 믿고 깊은 열등감에 젖게 된다. 양육 태만은 부모가 자녀에 대한 최소한의 도리를 하지 않는 것과 관련된다. 이들은 근본적으로 자신이 필요하지 않다고 느끼고 있기 때문에 열등감을 극복하기보다는 오히려 문제에 대해 회피하거나 도피한다.

(3) 사회적 관심

사회적 관심이란 각 개인이 이상적인 공동사회의 목표를 이루고자 사회에 공헌하려는 성향으로 타인에 대한 공감, 타인과의 동일시, 타인 지향을 의미한다. 사회적 관심은 개인의 욕구가 사회적인 관심으로 대체된 것으로 인간은 사회와 결속되어 있을 때 안정감을 갖게 된다. 강한 열등의식을 지닌 인간은 사회적 승인을 받지 못함에 따라 계속해서 고립될지

모른다는 불안 속에서 살게 된다. 아들러는 인간이 경험하는 많은 문제들은 자신이 가치 있게 여기는 집단에서 받아들여지지 않을까 하는 두려움과 관련되며 소속감을 느끼지 못할 경우 불안하게 되고, 소속감을 느낄 때 인간은 자신의 문제에 직면하고 용기를 가지고 문제를 다룰 수 있게 된다고 하였다. 따라서 사회적 관심이 발달할수록 열등감과 소외감은 감소되며, 사회적 관심은 개인의 정신건강을 평가하는 중요한 준거가 된다. 즉, 개인심리학에서는 내담자의 사회적 관심이 클수록 정신이 건강한 사람이 된다.

(4) 우월성 추구

우월성 추구는 자기완성 혹은 자아실현을 의미한다. 인간이 추구하는 궁극적 목적은 적극적으로 향상과 완성을 향해 나아가는 것이다. 아들러는 열등감을 극복하기 위한 노력을 선천적으로 보았다. 자기완성을 위한 필수요인으로 열등감을 제시하고 이러한 노력 때문에 인간은 끊임없이 발전할 수 있다고 했다. 인간은 자신의 열등감을 보상하는 방향으로 행동한다. 이 보상의 궁극적인 목적을 우월의 추구라고 한다. 우월의 추구는 삶의 기초적 사실로서 모든 인간이 문제에 직면하였을 때 부족한 것은 보충하고, 낮은 것은 높이고, 미완성의 것은 완성하며, 무능한 것은 유능하게 만드는 경향성을 말한다.

우월의 추구는 모든 사람의 선천적 경향성으로 일생을 통해 환경을 적절히 다스리며, 동기의 지침이 되어 심리적인 활동은 물론 행동을 안내한다. 우월성 추구는 모든 인생의 문제해결 기초로 인생의 문제에 부딪혔을 때 그것을 해결하는 양식에서 발견될 수 있다. 열등감에 대한 보상의 노력은 결국 우월성의 추구라는 개념, 즉 우월성을 향한 노력으로 연결된다.

(5) 허구적 최종 목적론

아들러는 인간을 이해하는 데 있어서 인간이 추구하는 에너지의 원천보다는 궁극적 목표가 더 중요하다고 보았다. 그는 인간을 자신에게 중요하다고 지각된 목표를 향해 나아가는 존재로 보고 행동을 이해하는 데 이 용어를 사용하였다. 즉, 모든 행동에는 목적이 있고, 설명하기 어려운 행동들도 일단 그들의 무의식적 목표나 목적을 알게 되면 이해할 수 있다고 보았다.

아들러는 개인의 행동을 이끄는 마음속의 중심 목표를 가상적 목표 또는 허구적 최종목적론이라고 하였다. 사람들은 현실적으로는 전혀 실현 불가능한 '마치 ~인 것' 같은 상황이 절대적으로 진실인 것처럼 행동하고 많은 가상적인 생각에 의해서 살고 있다는 것이다. 예를 들면, "모든 사람은 동등하게 만들어졌다.", "정직이 최선의 길이다.", "목적이 수단을 정당화한다."와 같은 허구는 현실보다도 더 효과적으로 사람들을 움직이게 한다는 것이다. 결국 개인들이 추구하는 궁극적 목적은 현실에서는 검증되지 않은 가상의 목적, 마음속의 중심 목표이다. 인간의 행동이 과거 경험에 좌우되기보다 미래에 대한 기대에 의해 더 좌우되기 때문이다. 따라서 개인심리학에서 개인의 모든 행동은 그의 허구적 또는 가상적 최종목적을 이해함으로써 설명될 수 있다. 이 최종의 목적만이 인간의 행동을 설명할 수 있다. 이 최종의 목적 때문에 인간은 무엇을 진실로 수용하게 될 것인가, 어떻게 행동할 것인가, 그리고 사건들을 어떻게 해석할 것인가를 취한 창조적 힘을 가진다.

(6) 출생 순위

아들러에게는 출생 순위가 한 인간의 열등감 형성과 열등감 극복 기제를 습득하는 데 있어서 매우 중요한 변인이 된다. 출생 순위에 따른 개인 특성에서의 차이는 출생 순위 자체가 직접적인 변인이라기보다는 출생 순위에 따른 부모의 양육 태도나 기대에서의 차이, 태어날 때부터 다른 심리 사회적 지위와 경쟁적 구도 등 다양한 변인들이 영향을 미쳐 드러나는 현상이다. 아들러가 말하는 출생 순위는 심리적 출생 순위다. 심리적 출생 순위는 일반적으로 한 사람의 지각 방식이며 가족 구성원 내에서 자신의 위치를 해석하는 것으로 정의된다. 그보다 개인의 심리적 위치가 더 중요하다. 모든 사람은 자신의 가족 안에서 스스로 인식된 위치가 있다. 이렇게 인식된 위치는 가정의 출생 순위의 순서를 나타내는 실제적 출생 순위와 같을 수도 있고 다를 수도 있다.

① 맏이

맏이는 일반적으로 많은 관심과 사랑을 받다가 동생이 태어나면서 그 자리를 빼앗기게 되고 '폐위된 왕'이 되면서 열등감을 형성한다. 동생이 태어난 순간부터 새로운 상황에 적응하기 위해 관심을 끌려는 노력을 하게 된다. 맏이는 리더가 될 수 있는 책임감이 있으며 전형적으로 맏이는 사회적으로 적절한 방법으로 행동하고 즐겁게 사는 성인으로 성장하지만 규칙을 고집하고 다른 사람 앞에 나서려고 한다.

② 둘째 아이

둘째 아이는 출생 부모 부모의 관심을 형과 누나라는 경쟁자와 나누어 가진다. 엄격한 지도력을 견디거나 절대적 법칙이란 생각을 받아들이지 않는 혁명가적 기질을 가지고 있다. 경쟁심이 생활 속에서 훈련되어 형의 잘못을 빨리 찾아내고 대신 자신이 더 잘한다는 것을 인정받기 위해 노력한다. 예를 들어 맏이가 학문적 성취와 즐거움을 통해서 중요성을 발견한다면, 둘째 아이는 맏이와 경쟁하거나 혹은 스포츠를 통해서 중요성을 발견하거나 강한 사회적 관계를 개발하는 능력을 발전시킬 것이다. 둘째 아이는 맏이를 따라잡기 위해서 경주하는 듯하며 경쟁심이 강하고 대단한

야망을 가진 성격이 된다.

③ 막내

막내는 언제나 가장 많은 사랑을 받으면서 자라지만 동생에게 자리를 빼앗기는 불안도 경험하지 않고 귀염둥이로 자란다. 때로는 전혀 관심을 받지 못할 수도 있다. 관심을 빼앗겨 본 적이 없어서 상황은 유리하지만 외동 아이처럼 과잉보호 될 가능성이 있다. 막내라도 집안의 가정 상황에 따라 좋은 환경에 있거나 열등감을 느낄 수도 있다.

④ 독자

독자는 혼자서 자라기 때문에 부모의 지대한 관심과 사랑을 받아 자신의 중요성에 대해 과장된 견해를 가지고 있을 수 있다. 독자는 서로 나누고 경쟁할 형제가 없으므로 협동심, 배려성이 부족할 수 있으며 동생이 태어나기 전의 맏이와 비슷한 성격일 수 있다. 반면, 여자 형제들 집안에서 혼자인 외아들과 남자 형제들 집안에서 혼자인 외동딸의 경우에는 소외된다고 느끼기가 쉽다.

4) 개인심리학과 사회복지 실천의 함의

아들러의 개인심리학(Individual Psychology)과 사회복지 실천 간의 관계는 매우 중요한 의미를 갖는다. 아들러의 이론은 개인의 심리적 문제를 사회적 맥락에서 이해하려고 하며, 개인의 행동이 그가 속한 사회와 상호작용을 통해 형성된다고 본다. 이로 인해 사회복지 실천에서 아들러의 이론은 몇 가지 중요한 함의를 제공한다(김명소, 2015; 전광수, 2017).

(1) 사회적 관심(Social Interest)

아들러는 개인의 정신건강이 사회적 관심을 얼마나 잘 발휘하느냐에 달려 있다고 주장했다. 사회적 관심은 타인과의 협력, 공동체 의식, 그리고 사회적 연대감을 중요시하는 개념이며 사회복지 실천에서 이 개념은 클라이언트가 사회적 관계에서의 문제를 해결할 수 있도록 돕는 데 중요한 역할을 한다. 즉, 사회복지사는 클라이언트가 사회적 연결을 통해 자신을 발견하고, 타인과의 관계에서 긍정적인 변화를 이끌어낼 수 있도록 지원해야 한다.

(2) 목표 지향성(Goal-Orientation)

아들러는 모든 행동이 특정 목표를 향해 나아가고 있다고 보고 인간은 자신의 삶에 의미를 부여하는 목표를 설정하며, 이 목표가 행동을 유도한다고 하였다. 즉 사회복지 실천에서 클라이언트는 종종 삶의 의미나 방향을 잃고 힘들어하는 경우가 많다. 아들러의 이론을 바탕으로 사회복지사는 클라이언트가 자신의 목표를 재정립하고, 현실적이고 긍정적인 방향으로 나아갈 수 있도록 돕는 방법을 사용한다.

(3) 자아존중감(Self-Esteem)

아들러는 자아존중감이 인간의 행동과 감정에 중요한 영향을 미친다고 하였다. 사회복지 실천에서 클라이언트의 자아존중감을 높이는 것은 중요한 목표이므로 자아존중감이 회복되면 클라이언트는 자신의 가치와 능력을 인식하고, 문제해결을 위한 자신감을 얻을 수 있다. 이는 클라이언트가 더 건강한 방식으로 사회적 관계를 형성하고, 삶의 어려움을 극복하는 데 도움이 된다.

(4) 열등감과 보상

아들러는 인간이 열등감을 느끼고 이를 극복하려는 동기를 가지며, 이 과정에서 개인은 보상적 행동을 하게 된다고 보았다. 사회복지사는 클라이언트가 자신이 경험한 열등감을 이해하고, 그로부터 생긴 부정적인 행동 패턴을 인식하도록 돕는 역할을 한다. 이를 통해 클라이언트는 자신의 감정을 잘 관리하고 보다 긍정적인 방법으로 문제를 해결할 수 있게 된다.

(5) 사회적 연결망과 클라이언트 중심 접근

아들러는 개인의 문제를 단지 개인의 내적 갈등으로 보는 것이 아니라, 그들이 속한 사회적 관계와 환경이 중요한 영향을 미친다고 강조하였다. 사회복지 실천에서는 클라이언트가 자신을 이해하고 문제를 해결하기 위해 사회적 연결망을 적극적으로 활용할 수 있도록 돕는 접근이 중요하다.

결론적으로 아들러의 개인심리학은 사회복지 실천에서 중요한 함의를 가진다. 그는 인간이 사회적 존재로서 성장하고 발전한다고 보았기 때문에, 사회복지사는 클라이언트가 사회적 관심을 발휘하고, 자신의 목표를 달성하며, 자아존중감을 회복하는 데 집중해야 한다. 아들러의 이론을 바탕으로 한 사회복지 실천은 개인의 내적 변화뿐만 아니라 사회적 환경의 변화를 동시에 고려하는 접근이 될 수 있다.

4. 융의 분석심리학적 성격 이론

융(Carl Gustav Jung, 1875~1961)

1) 융의 생애

칼 구스타프 융(Carl Gustav Jung, 1875~1961)은 스위스의 정신과 의사이자 심리학자이며, 분석심리학의 창시자로 알려져 있다. 융은 인간의 정신 구조와 심리적 과정을 이해하기 위해 개인 무의식과 집단 무의식이라는 개념을 도입하고, 심리학뿐만 아니라 종교, 철학, 문학, 예술 등의 다양한 분야에 영향을 끼쳤다. 그의 생애는 학문적 성과뿐 아니라 개인적 탐구와 내면적 여정으로도 주목받고 있다.

▶ 초기 생애

융은 1875년 스위스의 케스빌(Kesswil)에서 태어났다. 그의 아버지 요한 파울 아킬레스 융(Johann Paul Achilles Jung)은 개신교 목사였고, 어머니 에밀리 프라이호프(Emilie Preiswerk)는 영적 경험과 전통에 관심이 많은 사람이었다. 융의 가정은 종교적이었지만, 부모의 성격과 가치관의 차이는 어린 융에게 혼란과 내적 갈등을 안겨주었다. 이는 후에 융이 인간의 심리적 복잡성을 탐구하는 데 중요한 영향을 미쳤다.

융은 어린 시절 내성적이고 사색적인 성격을 보였으며, 주변 세계를 관찰하고 상상하는 데 많은 시간을 보냈다. 이 시기의 경험은 그가 나중에 무의식의 역할과 중요성을 탐구하게 되는 계기가 되었다.

▶ 학문적 경력

융은 1900년 바젤대학교에서 의학을 전공한 후 취리히에 있는 부르크휠츨리 정신병원(Burghölzli Psychiatric Hospital)에서 근무하며 정신과 치료 경험을 쌓았다. 이곳에서 그는 당시 유명했던 정신의학자 외이겐 블로일러(Eugen Bleuler)와 함께 일하며 정신분석과 관련된 지식을 쌓았다.

1907년, 융은 지그문트 프로이트(Sigmund Freud)와 만나게 되었고, 이 만남은 그의 경력에서 중요한 전환점이 되었다. 두 사람은 무의식과 정신분석에 대해 긴밀히 협력했으며, 융은 한때 프로이트의 후계자로 여겨지기도 했다. 그러나 무의식에 대한 관점과 인간 정신의 구조를 해석하는 방식에서 의견이 갈리면서 두 사람은 1913년에 결별하였다.

▶ 분석심리학의 발전

융은 프로이트와 결별한 후 독자적인 이론을 개발하며 분석심리학(Analytical Psychology)을 창시하였다. 그는 개인의 심리적 경험을 넘어선 집단무의식(Collective Unconscious) 개념을 제안하며, 인류 공통의 심리적 원형(archetype)과 신화적 상징에 대한 연구를 진행했다. 이와 함께 외향형과 내향형이라는 성격 유형, 자기(Self)와 페르소나(Persona) 등의 개념을 발전시켜 심리학의 새로운 영역을 열었다.

융은 학문적 연구뿐 아니라 자신의 무의식 세계를 탐구하기 위해 다양한 실험과 내면 작업을 수행했다. 특히, 1913년부터 시작된 그의 개인적 위기와 환상 기록은 후에 『레드 북』(The Red Book)이라는 형태로 출간되어 큰 주목을 받았다.

▶ 만년과 유산

융은 만년에 이르러 자연과 철학, 동양 사상, 종교적 신비주의에 더욱 관심을 기울였다. 그는 인간의 심리적 성장을 위한 자아실현(Self-Realization)을 중요한 목표로 보았으며, 이를 통해 개인이 자신의 전 존재를 통합할 수 있다고 믿었다.

그는 1961년 스위스 취리히 근처의 쿠스나흐트(Küsnacht)에서 사망했으며 그의 사상은 심리학뿐만 아니라 문학, 예술, 종교, 철학 등 다양한 분야에 영향을 끼치며 현대 심리학의 중요한 기초를 형성했다.

▶ 주요 저서

- 『무의식의 심리학』(Psychology of the Unconscious)
- 『심리 유형』(Psychological Types)
- 『현대인의 영혼의 문제』(Modern Man in Search of a Soul)
- 『자아와 무의식의 관계』(The Relations Between the Ego and the Unconscious)
- 『붉은 책』(The Red Book)

융의 사상은 오늘날까지도 심리학과 정신건강 분야에서 중요한 참고점으로 자리 잡고 있으며, 그의 통찰은 인간의 심층적 이해와 내적 성장에 대한 깊은 영감을 제공하였다.

2) 융 이론의 인간관

융은 문화나 민족에 따라 다소 다르지만 집단 무의식을 통해 인간이 갖는 기본적인 정신이 유전된다고 보았다. 그는 이러한 자각, 정서, 행동에 대한 생득적인 정신적 소인을 원형이라고 부른다. 원형은 타고난 생각이나 기억으로, 개인이 어떤 방식으로 자신이 접하는 세계를 지각하고, 경험하고, 반응하게 하는 정신적 소인이다. 나를 이해하고 실현시키는 작업은 인간의 뿌리인 다양한 원형을 이해하고 파악하는 작업이다. 그런 점에서 융이 지적한 "나의 인생은 무의식의 자기실현에 관한 이야기다(Jung, 1961)."란 말은 함축적인 의미를 내포하고 있다(하정희, 2020).

우리의 내부에서 역동적으로 작용하는 정신 에너지가 있다. 정신은 신체에 영향을 주고 신체는 정신에 영향을 준다. 우리가 의식해서 알고 있는 자아(ego)는 태어난 이후에 현실 경험을 통해 형성된 것이다. 인류가 보다 발전하기 위해 그리고 각 개인이 자기실현을 이루기 위해 필요한 것은 인류의 뿌리를 이해하는 것이다. 인류 역사의 이해는 나를 이해하는 데 소중하다. 융은 우리의 무의식을 이해하기 위해 프로이트보다 훨씬 더 꿈의 해석을 강조하였고 꿈은 무의식의 메시지를 상징적으로 전달하였다. 융에 따르면 꿈은 의식이 억압되어 무의식에 있는 메시지를 전달하는 것이 아니라 드러나려고 애쓰는 무의식이다(정명숙 역, 2006; 장영애 역, 2014).

3) 정신의 구조

분석심리학에서의 인간 정신의 계층 이론에 따르면 정신은 의식과 무의식으로 구분되고, 나아가 무의식은 개인 무의식과 집단 무의식으로 구분된다. 부연하자면, 의식에 해당하는 자아가 있고, 그 아래에 개인 무의식과 집단 무의식이 있고, 마음의 맨 한가운데에 바로 '자기'가 있다(Fordham, 1953).

(1) 의식

의식은 우리가 직접적으로 우리의 정신세계 또는 마음을 알 수 있는 유일한 부분이고 매일의 삶을 영위해 가는 데 중심적인 역할을 담당한다.

이때 의식이 제 역할을 할 수 있도록 안내해 주는 것이 자아(ego)이다. 의식한다는 것은 알고 있다는 것과 같은 의미를 지닌다고 볼 때, 지금 나에게 일어나는 일들을 의식하도록 또는 알도록 해주는 역할을 자아가 담당한다는 것은 자아가 바로 의식의 중심에 자리하고 있다는 의미가 된다.

(2) 무의식

무의식은 나의 정신세계에 존재하고 있음에도 불구하고 내가 그 현존을 인식하지 못하고 있는 부분으로, 그것은 의식의 부분에 비하여 매우 광범위하고 깊으며 그 존재를 쉽사리 만나거나 인식할 수 없는 특징을 가진다. 무의식의 존재를 제대로 인식하지 못하고 살아가고 있는 대부분의 사람들은 그것이 인간의 일상적인 삶에 어떤 영향을 주고 있는지를 전혀 파악하지 못한다. 무의식의 세계는 의식의 중심에 자리하고 있는 자아와 연결되어 있지 않기 때문에 그곳은 우리가 알지 못하는 그 나름대로 질서에 의해 움직이고 있는 정신세계의 또 다른 독립된 분야라고 할 수 있다.

① 개인 무의식

개인 무의식은 의식에 인접해 있는 부분으로 쉽게 의식화될 수 있는 망각된 경험이나 감각경험으로 구성된다. 개인 무의식의 자료는 개인이 과거에 경험한 내용에서 비롯된다. 이런 점에서 개인 무의식은 프로이트의 전의식과 유사한 개념이지만 무의식까지 포함한 개념이다. 개인 무의식은 의식되었지만 그 내용이 중요하지 않거나 고통스러운 것이므로 망각되었거나 억제된 자료들의 저장소라는 것이다. 즉, 너무 약하기 때문에 의식에 도달할 수 없거나 의식에 머물 수 없는 경험은 모두 개인 무의식에 저장된다.

개인 무의식을 구성하는 가장 중요한 인자는 콤플렉스(Complex)이다. 콤플렉스는 인간 정신의 한쪽에 뭉친 비정상적 에너지의 다발로서 그 자리에 닿는 순간 정상적 정신 에너지는 지체된다.

• 콤플렉스(Complex)

개인 무의식에는 콤플렉스가 포함된다. 콤플렉스란 현실적인 행동이나 지각에 영향을 미치는 무의식의 감정적 관념, 인간의 행위에 큰 영향을 미치는 욕망이나 기억을 뜻한다. 또한 억압된 불쾌한 생각 또는 감정적 색채를 띤 표상이다. 콤플렉스는 무의식적인 것이며 심하면 꿈과 히스테리 증상을 일으킨다고 정신분석학에서는 말한다. 강한 감정적 경험은 오래 의식 속에 남아 있으며, 특히 그것이 현실 의식과 반발하는 성질의 것일 경우에는 무의식 속에 억압된 채 존재하여 거기서 여러 가지 작용으로 간접적으로 현실 의식을 제약한다고 본다. 그 예로 어머니 콤플렉스, 오이디푸스 콤플렉스, 거세 콤플렉스 등을 들 수 있는데, 후자의 두 가지 콤플렉스는 정신분석 문헌에서도 종종 언급된다.

② 집단 무의식

인간 전체가 공동으로 가지고 있는 무의식이다. 정신분석학의 성격이론의 가장 중요한 개념 중 하나이다. 집단 무의식에 대해서는 두 가지 이론이 있는데, 첫째로 유전에 의해 무의식이 전해 내려와서 같은 무의식을 지니게 됐다는 이론과 둘째로 보이지 않지만 인간들은 무의식이 서로 연결되어 있다는 것이다.

집단 무의식은 "모든 사람에게 공통된 것으로, 고대에서 만물의 공감이라고 불렀던 것의 기초"라고 융은 설명했다.

인간의 성격 구조와 기능의 기초가 된다. 어떤 사물, 인간, 사태에 대해서 인간이 태어날 때부터 타고난 모든 반응의 양식을 집단 무의식이 이루게 된다. 집단 무의식은 인류가 진화의 과정을 거쳐서 현재에 이르기까지의 오랜 경험을 통해서 저장해 온 모든 잠재적 기억의 흔적이다. 융은 마음이 병든 사람이 겪는 현상이 온 인류에게 태고적부터 이어져 오는 심상이나 상징의 집단 공유적인 저장고로부터 나오는 경우가 많다는 것을 발견한 최초의 인물이다.

• 원형

원형은 밤에 보는 꿈의 이미지나 상징을 낳는 근원이 되는 존재다. 원형은 형태를 지닌 이미지나 심상을 말하는데, 이것은 역사를 통해 사람에게서 사람으로 전해져 시대를 통틀어 공통적으로 나타나게 된다. 어느 민족이나 인종이 같은 유형의 경험을 반복하는 동안 일정한 정신적 반응을 나타내게 됨으로써 특유의 무의식적 경향이 집단적으로 공유되는 것이다.

성격의 주요한 구성 요소이기도 한 원형의 수는 무수히 많다. 예를 들어 신, 악마, 부모, 대모, 현자, 사기꾼, 영웅, 지도자 등 사람들이 삶을 살아가며 형성해온 수없이 많은 원초적인 이미지가 원형이다. 융이 언급한 인간의 대표적인 원형으로는 페르소나, 아니마와 아니무스, 그림자, 자기의 다섯 가지가 있다.

• 페르소나

페르소나(Persona)란 인간이 사회생활에서 필수적으로 써야 하는 가면으로서 사회가 유지되기 위해 필요한 심리 기제이다. 자아가 겉으로 드러난 의식의 영역을 통해 외부 세계와 관계를 맺으면서 내면세계와 소통하는 주체라면 페르소나는 일종의 가면으로 집단 사회의 행동규범 또는 역할을 수행한다.

• 아니마와 아니무스

아니마(Anima)는 남성 안에 이상적 여성상의 이미지이며, 아니마(Animus)는 여성 속에 이상적 남성상이다. 그 둘은 출생 직후 어머니와 아버지를 통해 그 최초의 상이 구성된다. 인간이 이성에게 끌리는 이유도 아니마와 아니무스 때문이다.

아니무스와 아니마 개념은 프로이트가 관찰한 보편적 양성 개념을 확장한 것으로 볼 수 있다.

• 그림자

그림자(Shadow)란 성격의 부정적인 부분을 말하며 개인이 숨기고 싶은 모든 불쾌한 요소들을 모은 것이다. 인간 특성 중 열등하고, 가치 없고, 원시적인 부분이며 개인 자신의 '어두운' 부분이다. 융은 모든 사람에게 그림자가 있다는 것을 강조했다. 실재하는 모든 것은 그림자를 드리우는데, 자아와 그림자의 관계는 빛과 그늘의 관계와 같으며, 바로 이 그림자가 우리를 인간으로 만들어 준다. 융은 현대 인류가 이러한 측면에 관심을 갖게 된 데는 프로이트의 공헌이 크다고 인정했다. 그림자는 완전히 없앨 수 있는 것이 아니기 때문에 최선의 방법은 그림자와 화해하는 것이다.

• 자기

마음 전체의 중심이며 마음의 발달이나 변용 작용의 근원적인 원점이 되는 원형. 종교적으로는 '신의 각인'이라고도 간주된다.

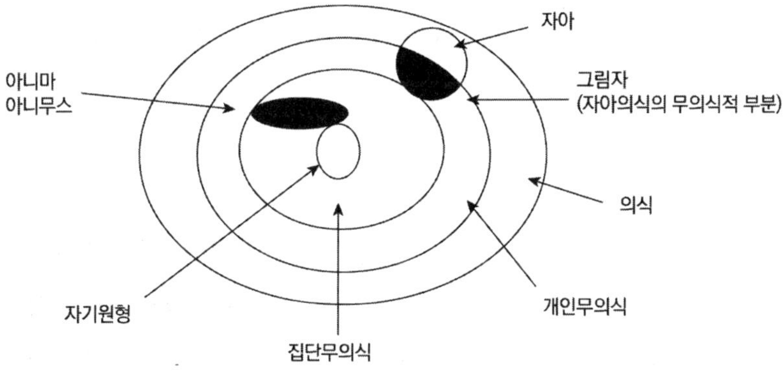

〈그림 9-1〉 정신의 구조

4) 성격 유형론

융은 성격을 외향성/내향성의 두 가지 유형으로 구분하고, 합리적/비합리적의 두 가지 유형을 추가적으로 사용해 합계 네 가지의 성격 유형으로 구분하였다. 또한 합리적/비합리적 유형은 사고/감정 유형과 감각/직관 유형으로 나누어진다. 이 유형들을 더해 여덟 가지의 유형으로 나누어지게 되지만, 여기에 우월한 기능과 보조적인 기능의 두 가지 구분을 추가로 더해 최종 16가지의 유형이 나누어지게 된다(Jung, 1921).

(1) 외향성(Extovert)과 내향성(Introvert)

① 외향적 태도(E)

주로 외부세계를 지향하고, 인식과 판단에 있어서도 외부의 사람이나 사물에 초점을 맞춘다. 행동 지향적이고 때로는 충동적으로 사람들을 만나며, 솔직하고 사교성이 많고 대화를 즐긴다. 말하기를 즐기며 말을 하면 할수록 힘이 난다.

② 내향적 태도(I)

자기 내부의 세계를 지향하며, 바깥의 세계보다는 자기 내부의 개념이나 생각 또는 이념(idea)에 더 관심을 둔다. 혼자 앉아 생각에 잠기는 것이 편안하고 활력이 난다. 이러한 사람들은 사려 깊고 명상적이고 고독과 프라이버시를 즐긴다.

어떤 개인들은 내적 세계에 의해 더 흥분되고 힘을 얻지만, 다른 이들은 외부 세계에 의해 그렇게 된다. 행동의 동기를 외부 세계에서 얻는 사람과 내적 세계에서 얻는 사람들 사이에서는 심리적 에너지의 방향과 자아에 차이가 있다고 여겨진다. 융은 여기로부터 두 개의 성격 유형이 나누어진다고 생각하였다. 이들은 각각 내향성(introverts)과 외향성(extraverts)으로 분류된다.

(2) 비합리적 기능 : 직관형(iNtuition)과 감각형(Sensation)

정신의 네 가지 기능에는 비합리적 기능과 합리적 기능이 있는데, 비합리적 기능은 주로 현상이나 대상에 대한 인식과 관련된 특성으로서 논리나 추론과 같은 이성적인 과정이 포함되지 않는 정신 기능(외부대상에 대한 정보수집과 인식의 방식)을 의미한다. 반면 합리적 기능이란 어떤 인식된 내용들을 토대로 논리나 추론 등의 이성적인 과정을 통해 결론과 판단에 도달하게 하는 정신기능(인식과 정보수집을 통한 맞다-틀리다, 좋다-싫다와 같은 판단의 방식)을 의미한다.

① 직관적 인식(iNtuition)-이상지향적, 나무보다 숲을 강조

직관이란 통찰을 통해 가능성, 의미, 관계를 인식하는 것을 말한다. 융은 직관을 무의식에 의해 나타나는 인식으로 특징짓고 있다. 직관은 관련이 없어 보이는 일들을 갑작스럽게 인식하는 패턴, 즉 육감이나 예감 또는 창의적인 발견과 같이 돌발적으로 의식에 떠오르기도 한다. 나무보다는 숲을 보려는 경향이 강하고, 미래지향적이고 상상이나 공상을 즐기며, 개혁적인 성향이 강하고, 다양성과 변화를 좋아한다.

② 감각적 인식(Sensation)-현실 지향적, 숲보다 나무를 강조

감각이란 우리의 감각을 통해 관찰하는 인식을 말한다. 감각은 구체적으로 존재하는 것을 통해 이루어진다. 감각은 현재 일어나는 일만 깨닫는 것이기 때문에, 감각적 인식을 선호하는 사람은 직접적인 경험에 초점을 맞추고 이런 인식과 관련된 특징이 발달되어 현재를 즐길 줄 알고 구체적이고 실제적이며, 현실적이다. 관찰 능력이 뛰어나고 상세한 것까지 기억

한다. 일상성과 실용성을 추구하며, 현실 지향적이며 보수적이다. 사실적이고 정확하며, 실리적이며, 질서, 차례, 노력, 현상유지 등의 가치를 중요하게 여긴다.

(3) 합리적 기능 : 사고형(Thinking)와 감정형(Feeling)

① 사고적 판단(Thinking)

보편적 원리에 근거한 맞다-틀리다, 옳다-그르다 식의 판단을 강조한다. 사고는 아이디어를 논리적으로 연관시키는 기능이고 사고는 인정에 얽매이지 않고(Impersonal) 인과 원리에 따라 이루어진다. 사고기능을 선호하는 사람은 사고와 관련된 특징을 발달시킨다.

정보를 판단함에 있어 원리원칙(옳다-그르다/맞다-틀리다)을 철저히 지키기 위해 개인적인 감정을 배제한다.

② 감정적 판단(Feeling)

상대적 원리를 강조하며 좋다-싫다 등을 통해 판단, 조화의 강조를 한다. 감정은 상대적인 가치와 문제의 장점 등을 고려하여 의사를 결정하게 하는 기능이다. 감정은 개인이나 집단의 가치를 중시한다. 감정을 선호하는 사람은 의사결정을 할 때도 상대방의 입장을 고려하기 때문에 상대방을 이해하려고 하고 어떤 문제든 작업적인 측면보다는 인간적인 측면을 중시하고 인정과 친밀감 조화를 바라며 과거의 가치(과거의 의리, 우정, 추억 등)를 중시한다.

즉 우호적인 관계의 가치를 중시하며, 자신과 타인들의 관심과 조화, 공감, 감사 등의 감정과 관련된 부분에 민감하다. 맞다, 틀리다로 보기보다는 인간적인 감정(좋다-싫다)로 판단한다.

- 사고적인 사람: "내가 좋고 네가 좋은 것"보다는 일반적인 사회통념으로 볼 때 무엇이 옳고, 무엇이 맞고, 무엇이 합리적인가에 주로 관심

을 둔다.

- 감정적인 사람: "세상에서 아무리 옳고 맞다"고 해도 내가 싫으면 그만이고, "세상에서 옳지 않다"고 해도 내가 좋으면 된다는 점에 관심을 둔다.

사고적인 사람이 감정적인 사람을 보면 한편으로는 솔직해 보이면서도 이기적이고 세상모르는 철부지로 보게 될 수 있다. 이에 비해 감정적인 사람이 사고적인 사람을 보면 똑똑해 보이기는 하지만 냉담해 보이고 남 생각 전혀 안 해주는 사람으로 비추어진다.

(4) 인식형(Perceiving)과 판단형(Judgement) 기능

① 인식적 태도(Perceiving)

행동과 결정보다는 관조와 기다림을 중시한다. 인식적 태도를 지닌 사람은 정신의 네 가지 기능 중에서 비합리적인 기능(인식)인 직관과 감각을 선호한다. 이런 인식적 태도를 선호하는 사람은 자기에게 들어오는 정보 그 자체를 즐긴다.

② 판단적 태도(Judgement)

관조와 기다림보다는 결정과 행동을 중시한다. 판단적 태도를 지닌 사람은 정신의 네 가지 기능 중에서 합리적 기능(판단)인 사고와 감정을 선호한다. 이런 판단적 태도를 선호하는 사람은 빨리 결정을 잘 내리려고 하고, 인식형처럼 주어지는 정보를 느긋하게 받아들이는 것이 아니라 결정을 내릴 만큼의 정보를 얻었다 싶으면 재빨리 결론에 도달한다. 그리고 계획을 잘 수립하고 체계적으로 활동을 편다.

5) 융의 분석심리학과 사회복지 실천의 함의

융의 분석심리학은 개인의 무의식, 집단 무의식, 그리고 심리적 원형을 중심으로 인간의 심리를 이해하려는 이론이다. 이 이론이 사회복지 실천에 적용될 때는 여러 가지 중요한 함의를 가질 수 있다(Jung, 1947, 1959, 1964).

(1) 무의식의 이해: 융은 개인의 무의식뿐만 아니라 집단 무의식의 중요성을 강조했다. 사회복지 실천에서 무의식적 요소를 인식하는 것은 개인과 집단의 행동을 이해하는 데 중요하다. 예를 들어, 사람들이 과거의 경험이나 사회적 배경에서 형성된 무의식적 패턴에 따라 행동할 수 있다는 점을 이해하고, 이를 치료적 개입에 반영할 수 있다.

(2) 원형(archetype): 융은 인간 정신에 내재된 보편적인 원형을 제시하였다. 사회복지 실천에서는 이러한 원형들이 어떻게 사회적 환경과 관계를 맺고 있는지를 살펴볼 수 있다. 예를 들어, '어머니'라는 원형은 보살핌, 보호, 양육 등의 요소를 상징하며, 이는 사회복지 실천에서 대상자의 심리적 요구를 이해하는 데 도움이 될 수 있다.

(3) 자기(Self)와 통합: 융은 인간이 자아와 무의식을 통합하여 '자기'를 실현하는 과정이 중요하다고 강조했다. 사회복지 실천에서도 클라이언트가 자기실현을 이룰 수 있도록 지원하는 것이 중요하며 클라이언트가 자신의 내면의 갈등과 억압된 감정을 이해하고, 그것들을 통합할 수 있도록 돕는 접근법이 필요하다.

(4) 집단 무의식과 문화적 맥락: 사회복지 실천은 클라이언트의 개인적 상황뿐만 아니라 그들이 속한 사회적, 문화적 배경을 고려해야 한

다. 융의 이론에 따르면, 집단 무의식은 각 사회와 문화의 역사적 경험을 반영하는 중요한 요소이므로 따라서 클라이언트가 속한 문화의 집단 무의식을 이해하고, 이를 사회복지 실천에 반영하는 것이 중요하다.

(5) 개인의 성장과 변화: 융은 개개인의 성장과 변화가 중요하다고 보았다. 사회복지 실천에서도 클라이언트가 변화를 경험하고 자기 성장을 이루는 과정에 집중할 필요가 있으며 이를 위해 클라이언트가 자신의 내면세계를 탐색하고, 무의식적인 갈등이나 억압을 다루도록 돕는 방식이 효과적일 수 있다.

결론적으로, 융의 분석심리학은 사회복지 실천에서 클라이언트의 심리적, 사회적, 문화적 맥락을 깊이 이해하는 데 중요한 이론적 틀을 제공한다. 융의 개성화, 그림자, 통합, 원형, 자아 개념 등을 활용하여, 사회복지사는 클라이언트가 내면의 갈등을 해결하고 자기실현을 이루는 데 도움을 줄 수 있다.

Chapter

10

인간행동에 관한 행동주의 이론 : 스키너, 파블로프, 반두라

1. 스키너의 조작적 조건화 이론

1) 스키너의 생애

스키너(Burrhus Frederic Skinner, 1904~1990)

스키너(Burrhus Frederic Skinner, 1904~1990)는 20세기 가장 영향력 있는 심리학자 중 한 명으로, 행동주의 심리학의 중요한 이론가로 잘 알려져 있다. 그의 연구는 주로 인간과 동물의 행동이 환경에 의해 어떻게 영향을 받는지를 설명하는 데 초점을 맞추었다.

▶ 초기 생애

스키너는 1904년 3월 20일, 펜실베이니아주 스캇데일에서 태어났다. 어릴 적부터 그는 독서와 글쓰기를 좋아했지만, 처음에는 과학이나 심리학에 대한 관심은 없었다. 스키너는 하버드대학교에서 심리학을 전공하며 연구를 시작했으며, 여기서 그의 학문적 경로가 시작된다.

▶ 학문적 기여

스키너는 행동주의 심리학의 중요한 개척자로, 인간과 동물의 행동을 자극-반응모델을 통해 설명하려 하였다. 그는 조작적 조건화(Operant Conditioning)이론을 개발하여, 행동이 그에 따른 보상이나 처벌에 의해 강화되거나 약화된다고 주장했다. 이러한 이론은 심리학뿐만 아니라 교육, 임상 치료, 관리 등 다양한 분야에서 적용되었다.

▶ 주요 저서

스키너는 여러 권의 저서를 발표했으며, 그 중 『행동의 과학과 인간행동』(The Science of Human Behavior), 『문화의 진화』(The Evolution of Culture), 그리고 『자유와 사회』(Freedom and the Control of Behavior) 등이 유명하다. 이 책들은 그의 행동주의 이론과 심리학적 사상을 잘 보여준다.

▶ 유산과 영향

스키너는 행동주의 심리학의 핵심적인 인물로, 심리학에서 실험적 방법론의 중요성을 강조하였다. 그는 학문적으로뿐만 아니라 교육 및 심리치료에서 큰 영향을 미쳤으며, 현대의 심리학과 교육학에서 여전히 그의 이론을 찾아볼 수 있다. 스키너는 1990년에 세상을 떠났으며, 그의 이론과 연구는 행동주의 심리학의 발전에 중요한 기여를 하였다.

2) 스키너 이론의 인간관

스키너는 행동주의 심리학의 주요 인물로, 그의 인간관은 주로 인간의 행동이 외부 환경의 자극에 의해 결정된다고 보는 관점에 기반이다. 그는 인간의 행동을 내적 동기나 감정보다는 환경과 경험의 영향을 받는 결과로 설명하였다.

스키너는 "조작적 조건화" 이론을 통해 인간과 동물의 행동을 설명하였고 이 이론에서 인간은 외부 자극에 대한 반응을 통해 행동을 배우며, 보상이나 처벌이 그 행동을 강화하거나 약화시킨다고 주장하였다. 즉, 인간의 행동은 자극과 반응 간의 관계에 의해 형성되며, 이를 통해 반복되거나 변경된다고 보았다(김광현 역, 2007; 박재찬 역, 2010).

또한 스키너는 인간을 자유로운 의지를 가진 존재로 보기보다는, 환경에 의해 형성된 존재로 보았고 인간의 행동이 본능적이고 자율적인 것이 아니라, 외부 조건에 의해 결정된다고 하였다.

이러한 관점에서 스키너의 인간관의 주요 특징은 다음과 같다.

(1) 환경 결정론: 인간의 행동은 내부의 심리적 상태보다는 외부환경과 자극에 의해 결정된다고 보았다.

(2) 행동의 변화 가능성: 인간은 주어진 환경을 통해 학습하고, 그 환경에 의해 변화할 수 있다는 관점이다. 이는 인간의 자유의지를 부정하고, 인간행동은 환경적 자극에 반응하는 것으로 보았다.

(3) 행동의 측정 가능성: 스키너는 인간의 행동을 실험적으로 관찰하고 측정할 수 있다고 믿었다. 그는 실험실에서 동물과 인간의 행동을 측정하고 분석하여 행동을 이해하려고 하였다.

따라서 스키너는 인간을 "자극과 반응"의 결과로 보는 기계적이고 환경에 의존적인 존재로 봤으며, 인간의 복잡한 감정, 사고, 의식적인 결정을 강조하지 않았다. 이는 많은 심리학자들에게 비판을 받기도 했으나, 교육과 행동 치료 분야에서는 큰 영향을 미쳤다.

3) 주요 개념

(1) 조작적 조건형성(Operant conditioning)

스키너는 행동을 두 가지 유형인 반응행동(respondent behavior)과 조작행동(operant behavior)을 구분하였다. 반응행동은 자극에 의해서 야기되는 반사 혹은 자동적 반응을 의미한다. 예를 들면, 밝은 불빛에 눈의 동공수축, 무릎 정수리를 두들기면 나타나는 무릎반사 혹은 뜨거운 냄비에 모르고 손가락을 댔다가 반사적으로 손을 끌어당기는 행동을 말한다. 이러한 행동은 학습된 것이 아니라 불수의적 및 자동적으로 야기된다. 이러한 반응행동은 학습을 통해서 조건형성되거나 변화될 수 있다. 파블로프는 무조건자극(고깃덩어리)과 조건자극(중립자극: 종소리)을 연합시켜 개에게 반복적으로 제시한 후에 무조건자극 없이 단지 조건자극에 의해 조건반응(타액 분비)을 유발하게 하는 고전적 조건형성을 확립하였다(Skinner, 1938).

(2) 강화(reinforcement)

강화물은 특정 선행 행동이 일어날 확률을 높이는 자극이다. 강화에는 긍정적 강화와 부정적 강화가 있다. 긍정적 강화에는 행동에 대한 보상을 통해 선행된 행동이 다시 일어날 가능성을 높이는 것이며, 부정적 강화는 유해하거나 부정적인 자극을 제거하여 선행된 행동이 다시 일어날 확률을 높이는 것이다. 강화는 행동의 증가를 의미하고, 처벌은 행동의 감소를 의미한다(박재찬 역, 2010).

① 정적 강화: 즐거운 결과를 부여하여 행동재현을 가져오게 하는 것이다. (예: 민준이가 장난감 정리를 하면 사탕을 준다 → 사탕을 줌으로써(정적) 장난감 정리를 하는 행동이 증가한다(강화))

② 부적 강화: 혐오스러운 결과를 제거함으로써 바람직한 행동재현을 가져오는 것이다. (예: 민준이가 7시 전에 숙제를 모두 끝내면, 그날은 엄마가 민준에게 잔소리를 하지 않는다 → 잔소리를 하지 않음으로써(부적) 7시 전에 숙제를 하는 행동이 증가한다)

〈표 10-1〉 정적 강화와 부적 강화의 공통점과 차이점〉

공통점	차이점
정적 강화나 부적 강화 모두 특정한 행동(바람직한 혹은 기대하는 행동)을 증가시키는 목적을 가진다.	정적 강화는 정적 강화물을 제시함으로써 특정 행동을 증가시키는 것이고, 부적 강화는 부적 강화물을 제거함으로써 특정 행동의 빈도를 증가시킨다는 데 차이가 있다.

(3) 처벌

처벌은 어떤 행동에 뒤따르는 결과가 그 행동을 다시 야기할 가능성을 감소시킬 때마다 일어난다. 즉 반응의 결과가 뒤따르는 반응의 빈도를 감소시키는 것을 처벌(punishment)이라 한다. 체벌, 전기쇼크, 큰소리 등과 같이 반응을 감소시키는 자극을 처벌물(punisher)이라 한다.

① 정적 처벌: 행동이 혐오자극에 의해 뒤따를 때 반응의 빈도가 감소하는 것을 말한다. (예: 동생을 때리면 엄마한테 혼나는 것)

② 부적 처벌: 행동에 뒤따르는 긍정적 자극을 제거함으로써 반응의 빈도가 감소하는 것을 말한다. (예: 동생을 때리면 용돈을 뺏거나 간식을 주지 않는 것)

(4) 소거(extinction)

소거는 이전에 강화된 행동이 더 이상 이전과 같은 결과를 가져오지 못할 때 일어난다. 소멸된 행동은 기본적인 발생 수준으로 줄어든다. 예를 들어 유아가 부모의 관심을 얻고자 떼를 부릴 때마다 부모가 관심을 보이지 않는다면 유아의 이런 행동은 줄어들거나 소멸될 것이다. 즉, 보상받지 못하는 행동은 소거된다.

(5) 강화계획(reinforcement schedules)

강화계획이란 강화자극을 얼마나 자주, 얼마나 많이, 언제 사용하는가의 문제를 계획하는 것을 말한다. 즉 행동 증가를 목적으로 사용하는 강화물을 제시하는 빈도를 말한다.

① 계속적(연속적) 강화계획: 각 행동마다 강화물을 주어 행동을 빨리 변화시키기 때문에 학습 초기 단계에서는 가장 효과적이다. 그러나 소거나 벌의 영향을 받기 쉬워 행동을 유지하는 데에는 좋지 않다.

② 간헐적 강화계획: 가끔씩(예측할 수 없는 시간 간격으로) 강화를 하여 행동의 소거에 대한 저항이 강해지기 때문에 학습된 행동을 유지하는 데에 보다 유용하다.

• 고정간격계획(FI: fixed interval)

정해진 시간 간격으로 강화하는 것을 말한다. 즉 일정한 시간을 경과하지 않으면 지렛대를 누르는 반응을 해도 먹이가 나오지 않도록 설계된 강화계획이다.

예 2시간 간격으로 간식을 줄 경우 아이들은 2시간쯤 되었을 때 주방으로 들락날락하면서 먹을 것을 재촉할 것이다. 강화물 사이에 기간이 길어질수록 휴식은 길어진다.

• 변동간격강화(VI: Variable interval)

강화에서 다음 강화까지의 간격이 평균값을 주변으로 하여 무작위로 변하게 된다.

예 우편물을 확인하는 행동의 경우. 언제 우편물이 와 있을지 모르므로 수시로 확인해야 한다.

• 고정비율강화(FR: fixed ratio)

어떤 특정반응이 일정한 수만큼 발생했을 때마다 강화된다.

예 영어 문제를 1장 풀었을 때 주는 간식을 주거나 아빠 구두를 10번 닦으면 5,000원 용돈을 준다.

• 변동비율강화(VR: variable ratio)

평균적으로 정해진 어떤 수의 반응이 일어난 후 강화하는 것으로 다음 강화가 언제 일어날지 예측할 수 없으므로 반응률은 높고 지속적이다.

예 외판원이 평균적으로 10집을 방문하여 한 개의 물건을 파는 경우 몇 번째 방문에서 물건이 팔릴지 알 수 없어서 계속으로 가정방문을 해야 한다.

(6) 행동조성(shaping)

조작적 조건형성에서 사용되는 행동 형성은 새로운 행동을 만들어가는 방법이다. 행동 조성의 개념은 특기나 조건화가 단번에 되는 것이 아니라 점차적인 과정을 통해 일어난다는 것을 시사하며 바람직한 단계는 진보된 여러 단계를 거쳐 이루어진다.

예를 들어 부모가 아이에게 우유를 주는 경우 유아가 우유병을 좀 더 꽉 붙잡을 수 있도록 부모가 우유병을 느슨하게 잡고 있었다고 가정해 보면, 유아는 자신이 우유병을 적절히 잡고 있는 한, 우유를 계속 먹을 수 있다. 그러나 유아의 손에 힘이 없어지면 우유병의 각도가 달라져서 유아는 우유를 먹을 수 없게 된다. 그러면 우유병을 적절한 위치로 끌어 올려주고 유아가 우유를 계속 먹을 수 있도록 한다. 부모는 유아가 우유병을 적절하게 잡도록 도움을 주고 유아의 반응에 따라 도움을 점차 제거함으로써 자극-반응 연합이 형성된다. 결국 유아는 우유병을 일단 잡으면 '우유병을 잡는 법'을 학습하게 된다.

2. 파블로프의 고전적 조건화 이론

1) 파블로프의 생애

이반 파블로프(Ivan Pavlov, 1849~1936)는 러시아의 생리학자로, 고전적

파블로브(Ivan Pavlov, 1849~1936)

조건화(classical conditioning) 이론으로 널리 알려져 있다. 그의 연구는 심리학과 행동 과학에서 중요한 기초를 마련하였으며, 특히 학습 과정에 대한 이해를 획기적으로 발전시켰다.

▶ 주요 생애

• 출생: 1849년 9월 14일, 러시아의 리야잔(Ryazan)에서 태어났다. 원래는 종교학을 공부하려 했으나, 나중에 생리학으로 전향했다.

• 학문적 배경: 모스크바 대학교에서 공부한 후, 파블로프는 생리학을 연구하기 위해 여러 유럽 국가에서 훈련을 받았고 1875년부터 상트페테르부르크에서 연구를 시작했다.

▶ 고전적 조건화 연구

파블로프는 개를 대상으로 한 실험에서 음식의 분비를 연구하던 중, 반사적인 행동이 조건화될 수 있다는 사실을 발견했다. 그는 개에게 음식을 주기 전에 종을 울리고, 시간이 지나면서 개가 종소리만 듣고도 침을 흘리게 되는 현상을 관찰했다. 이로 인해 조건 반사(Conditioned Reflex) 이론을 제시하였고, 이는 후에 고전적 조건화라는 중요한 학습 이론으로 발전했다.

▶ 연구와 업적

• 침 분비 실험: 파블로프는 개를 대상으로 침 분비 반응을 연구하던 중, 자극(음식)을 자주 연상시킨 다른 자극(종소리)이 개에게 침 분비 반응을 일으킨다는 것을 발견했다. 이 연구는 학습이 어떻게 발생하는지를

이해하는 데 중요한 이론적 기초를 제공했다.

- 조건 반사 이론: 파블로프의 연구는 자극과 반응 사이의 관계를 설명하는 고전적 조건화 이론을 발전시켰다. 이 이론은 학습이 환경적 자극에 대한 반응으로 형성된다는 것을 제시하며, 심리학과 교육 분야에 큰 영향을 미쳤다.

▶ 수상 및 유산

- 1904년, 파블로프는 생리학 연구로 노벨 생리학·의학상을 수상했고 생리학적 반사와 관련된 연구로 이 상을 받았다.
- 파블로프의 연구는 현대 심리학, 특히 행동주의 심리학과 관련하여 큰 영향을 미쳤고 그의 고전적 조건화 이론은 20세기 초반 심리학의 핵심 이론 중 하나로 자리 잡았다.

파블로프는 1936년에 사망하였으며, 그의 연구는 학습, 행동이론, 신경과학 및 심리학의 발전에 중요한 기여를 하였다.

2) 파블로프 이론의 인간관

파블로프(Ivan Pavlov)는 주로 조건 반사 연구로 알려진 러시아의 생리학자이다. 그는 인간과 동물의 행동을 생리학적으로 이해하려 했으며, 그의 연구는 심리학과 행동주의 이론의 발전에 큰 영향을 미쳤다. 파블로프의 인간관은 그의 조건 반사 이론을 바탕으로, 인간의 행동 또한 자극과 반응의 연쇄로 이해될 수 있다고 보았다.

(1) 행동의 조건화: 파블로프는 인간과 동물 모두 외부 자극에 대해 특정한 반응을 보인다고 보았는데 그는 “조건 반사”라는 개념을 통해, 원래 자연스럽게 일어나지 않던 반응이 특정 자극에 의해 유발될 수 있다고 설명했다. 예를 들어, 그의 유명한 실험에서 개는 음식과 종소리의 연합을 통해 종소리만으로도 침을 흘리게 되었다. 이는 인간의 행동도 유사하게 학습을 통해 조건화될 수 있다는 점을 강조한다.

(2) 행동주의적 접근: 파블로프는 인간의 행동을 내부의 정신적 상태나 감정보다 외부 자극에 의해 형성된 반응의 결과로 이해하였다. 또한 그는 인간의 사고나 감정이 외부 자극과의 상호작용을 통해 형성된다고 보았으며, 이는 후에 행동주의 심리학의 기초가 되었다.

(3) 환경의 중요성: 파블로프는 인간의 행동이 환경의 자극에 따라 변할 수 있다고 보았으며 이는 인간이 경험하는 환경적 조건들이 행동을 결정짓는 중요한 요인임을 시사한다.

따라서 파블로프의 인간관은 인간이 태어날 때부터 특정한 조건을 가지고 있는 것이 아니라, 외부 환경에 의해 형성되는 존재라는 점을 강조한다. 그의 연구는 후에 많은 심리학자들이 인간행동을 과학적으로 연구하는 데 기초가 되었으며, 행동주의 심리학의 발전에 기여하였다.

3) 파블로프의 개의 실험

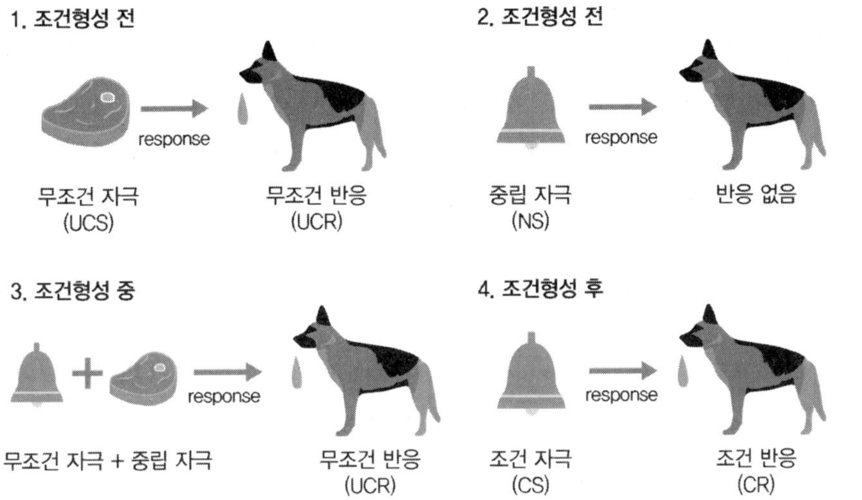

〈그림 10-1〉 파블로프의 개 실험

파블로프의 개 실험은 러시아의 생리학자 파블로프가 1890년대 후반에 수행한 유명한 심리학 실험이다. 이 실험은 조건 반사(고전적 조건화, Classical Conditioning)라는 이론을 제시하는 데 중요한 기여를 하였다(김수현, 2020; Pavlov, 1927, 1928; Mazur, 2011).

(1) 실험의 내용

파블로프는 처음에 개가 음식을 받을 때 침을 흘린다는 사실을 관찰하였다. 이후 그는 개에게 음식을 주기 전에 종소리 같은 중립적인 자극을 반복해서 들려주면서 실험을 진행했다. 처음에는 종소리만으로는 개가 침을 흘리지 않았지만, 음식을 주면서 종소리를 반복적으로 들려주자, 시간이 지나면서 개는 종소리만 들어도 침을 흘리게 되었다.

(2) 실험의 결과

이 실험을 통해 파블로프는 조건 반사라는 개념을 도입했다. 조건 반사는 중립적인 자극이 반복적으로 유의미한 자극과 연합되면서, 그 중립적인 자극이 원래의 유의미한 자극을 대신하여 반응을 일으키는 현상이다. 즉, 종소리라는 중립적인 자극이 음식과 결합되어, 개가 음식이 없어도 종소리만으로 침을 흘리게 되는 것이다.

(3) 고전적 조건화의 기본 개념

① 무조건 자극(US, Unconditioned Stimulus): 자연스럽게 반응을 일으키는 자극이다. 예를 들어, 음식을 보면 침을 흘리는 반응은 무조건 자극인 음식에 의해 유발된다.

② 무조건 반응(UR, Unconditioned Response): 무조건 자극에 의해 자연스럽게 발생하는 반응이다. 예를 들어, 음식이 주어지면 침을 흘리는 반응이 이에 해당한다.

③ 조건자극(CS, Conditioned Stimulus): 무조건 자극과 결합되어 반응을 일으키는 중립적 자극이다. 초기에는 반응을 일으키지 않지만, 무조건 자극과 반복적으로 연결되면 나중에 반응을 유도하게 된다. 예를 들어, 종소리가 처음에는 침을 흘리지 않지만 음식과 함께 여러 번 들으면, 종소리만으로도 침을 흘리게 된다.

④ 조건반응(CR, Conditioned Response): 조건자극에 의해 일어나는 반응이다. 예를 들어, 종소리만 듣고 침을 흘리는 반응이 이에 해당한다.

파블로프의 실험에서는 개들에게 음식을 제공할 때 종소리를 함께 울리게 했고, 반복적으로 훈련된 후 종소리만으로도 개들이 침을 흘리게 되었다. 이를 통해 파블로프는 자극과 반응 간의 연결을 통해 학습이 이루어진다고 주장하였다.

(4) 고전적 조건화의 과정

① 학습 이전

무조건 자극(UCS) → 무조건 반응(UCR) (음식 → 침)

조건 자극(CS) → 아무 반응도 없음 (벨소리 → 침 아님)

② 학습 중

조건 자극(CS) + 무조건 자극(UCS) → 무조건 반응(UCR) (벨소리 + 음식 → 침)

③ 학습 후

조건 자극(CS) → 조건 반응(CR) (벨소리 → 침)

4) 고전적 조건화의 특징

(1) 소거

소거는 학습을 통해 얻게 된 조건반응이 약화되는 현상을 말한다. 조건반응(종 소리에도 타액 분비) 획득 이후, 무조건 자극(먹이)을 주지 않고 조건자극(종소리)만 반복해서 제시하게 되면 조건반응은 점차 감소하게 된다. 개가 종소리에 대해 타액을 분비하지 않는 원래 상태로 되돌아가는 현상이다.

(2) 일반화 또는 자극일반화

일반화는 유기체가 원래의 조건자극과 유사한 자극에 조건반응을 나타내는 현상을 말하는 데 새로운 자극이 원래의 조건자극과 얼마나 유사한가에 따라 더 잘 일어나게 된다.

예를 들면, 어린 알버트 실험에서 흰 쥐가 나타날 때마다 큰 소리로 놀란 아이는 흰 쥐에 대한 두려움을 학습하게 되고, 흰 쥐가 아닌 비슷한 생김새의 흰 햄스터, 흰 장난감 토끼, 흰 모피코트를 보면서도 두려움을 느끼게 되었다.

(3) 변별

변별은 자극일반화와는 완전히 반대되는 개념으로 유기체가 정해진 조건자극에만 조건반응을 나타내고, 그와 유사한 다른 자극에는 조건반응을 나타내지 않는 현상을 말한다.

변별 훈련을 하기 위해서는 조건자극과 무조건자극을 짝지어 제시하되, 조건자극과 유사한 자극에는 무조건자극을 제시하지 않으면 된다.

예를 들면, 개에게 검은 원그림을 보여준 뒤에는 먹이를 주고, 검은 타원형 그림을 보여준 뒤에는 먹이를 주지 않으면 검은 원그림에서만 조건반응이 일어나게 된다.

(4) 습관화

습관화는 유기체에게 조건반응이 줄어들 때까지 조건자극을 반복적으로 제시함으로써 고전적 조건화를 제거하는 전략이다.

예를 들면, 종소리를 울려도 먹이를 계속해서 주지 않으면 개는 점차적으로 종소리에 조건반응을 일으키지 않게 된다. 이러한 현상을 소거라고 부른다.

(5) 자발적 회복과 재 조건형성

자발적 회복은 조건형성의 소거가 이루어진 후, 조건반응이 다시 나타나는 현상을 말한다. 조건반응이 소거된 이후 일정 시간이 경과하고 전에 학습했던 조건자극을 받았을 때 소거되었던 조건반응이 우연히 다시 나타나게 되는 현상이다. 자발적으로 회복된 조건반응은 오래 지속되지 않으며, 원래의 조건반응에 비해 강도가 낮다. 하지만, 조건자극을 다시 회복시키기 위해 무조건자극과 다시 결합시키면 소거되었던 조건반응은 완전히 회복될 수 있다.

예를 들면, 종소리에 대한 조건반응이 완전히 소거되었던 개가 어느 날 우연히 종소리를 듣고 침을 흘리는 것

(6) 고차적 조건형성

고차적 조건형성은 무조건 자극에 여러 가지의 중립 자극들을 연합해서 조건반응을 일으키는 현상을 말한다. 고전적 조건형성에서는 무조건 자극(먹이)에 중립 자극(종소리)을 반복해서 연합시키면 중립 자극이 조건 자극이 되어 조건반응(침을 흘리는 것)을 유발시킬 수 있다.

이 조건자극에 제2의 중립 자극을 반복해서 결합하면 제2의 중립 자극도 조건자극이 되어 조건반응을 유발하게 될 수 있고, 제2의 조건자극이 조건반응을 유발하는 기능을 획득하게 되면 그 자극은 제3의 중립 자극과 연합되어 결국 제3의 중립 자극도 조건반응을 유발할 수 있게 된다.

예를 들면, 종소리를 울리면 침을 흘리는 개에게 불을 깜빡이고 종소리를 울리는 과정을 반복하면 불을 깜빡이는 것만으로도 침을 흘리게 되는 것

(7) 역조건화

역조건화는 새로운 자극과 조건자극을 연합시켜 원래의 조건자극과 조건반응 사이에 존재하는 연관성을 방해해 고전적 조건화를 제거하는 전략이다.

예를 들면, 흰 쥐를 무서워하는 아이에게 흰 쥐(조건자극)를 보여주며 사탕(새로운 자극)을 함께 먹게 해주면 흰 쥐에 대한 두려움이 감소하게 된다.

3. 반두라의 사회학습이론

1) 반두라의 생애

앨버트 반두라(Albert Bandura, 1925~2021)는 1925년 12월 4일 캐나다 앨버타(Alberta)주의 작은 마을에서 태어났다. 그는 심리학자로, 행동주의와 인지심리학의 중요한 이론가로 알려져 있으며 그의 연구와 이론으로 심리학의 많은 분야에 영향을 미쳤다. 특히 사회적 학습 이론(Social Learning Theory)과 자기효능감(Self-Efficacy) 이론으로 유명하다.

▶ 주요 업적과 이론

반두라(Albert Bandura 1925~2021)

- 사회적 학습 이론: 반두라는 사람들의 학습이 단순히 직접적인 보상과 처벌을 통한 것이 아니라, 다른 사람들의 행동을 관찰하고 모방하는 것에서도 이루어진다고 주장했다. 그는 모델링을 통한 학습이 중요한 역할을 한다고 강조했으며, 이를 바탕으로 사람들은 자신의 경험뿐만 아니라 타인의 행동을 통해서도 새로운 행동을 학습한다고 보았다.

- 보보인형 실험(Bobo Doll Experiment): 반두라는 1961년에 유명한 보보인형 실험을 통해 사회적 학습 이론을 입증했다. 이 실험에서 어린이들은 성인들이 인형을 공격하는 모습을 보고 같은 행동을 따라 하게 되었고 이를 통해 반두라는 사람들은 다른 사람들의 행동을 관찰하고 이를 모방할 수 있다는 것을 보여 주었다.

- 자기효능감(Self-Efficacy): 반두라는 자기효능감을 중요한 개념으로 제

시했다. 자기효능감이란 개인이 특정 과제를 성공적으로 수행할 수 있다는 믿었고 그는 사람들이 자신의 능력에 대한 자신감을 가질 때 더 큰 동기와 효과적인 행동을 할 수 있다고 주장했다.

- 학습 이론의 발전: 반두라는 행동주의 이론과 인지주의 이론을 결합하여 사회적 인지 이론(Social Cognitive Theory)을 발전시켰다. 그는 사람들이 환경과 상호작용하는 방식, 즉 인지, 행동, 그리고 환경의 상호작용을 강조했고 이 이론에 따르면, 개인은 자신의 행동뿐만 아니라 환경과도 지속적으로 영향을 주고받았다.

▶ **학문적 경력**

반두라는 캐나다의 앨버타대학교에서 학부와 대학원 과정을 마친 후, 미국 펜실베이니아 대학교에서 박사학위를 취득했다. 이후 스탠퍼드 대학교에서 교수로 재직하며, 그의 연구와 이론은 심리학뿐만 아니라 교육, 치료, 사회학 등 다양한 분야에서 영향을 미쳤다.

반두라는 그의 이론을 통해 교육, 심리치료, 그리고 대인 관계 등 많은 실생활의 문제에 적용할 수 있는 중요한 통찰을 제공하였으며, 심리학 연구에서 중요한 역할을 했다.

2) 반두라 이론의 인간관

앨버트 반두라(Albert Bandura)의 인간관은 주로 사회인지 이론(Social Cognitive Theory)과 관련이 있다. 그의 인간관은 사람들이 환경, 행동, 그리고 개인적인 요인(인지적, 정서적, 동기적 요인)의 상호작용에 의해 영향을 받으며, 이를 통해 학습하고 행동을 변화시키는지에 대한 이론으로 다음과 같이 설명하였다(김상훈, 2015; 정영훈 역, 1999).

(1) 자기효능감(self-efficacy): 반두라는 인간이 자신의 능력에 대한 믿음, 즉 "자기효능감"이 행동에 중요한 영향을 미친다고 보았다. 자기효능감은 개인이 특정 과업을 성공적으로 수행할 수 있다는 믿음으로, 이는 동기, 감정, 행동의 조절에 중요한 역할을 한다.

(2) 관찰학습(모델링): 반두라는 인간이 직접 경험하지 않고도 다른 사람의 행동을 보고 학습할 수 있다고 주장했다. 이를 관찰학습 또는 모델링이라고 하며, 사람들이 모델(타인의 행동)을 관찰하고 그 행동의 결과를 보고 학습하는 과정을 설명하고 있으며 인간이 사회적 상호작용을 통해 적응하고 행동을 습득하는 방식을 강조한다.

(3) 상호결정론(Reciprocal Determinism): 반두라는 인간행동을 이해하는 데 있어 "상호결정론"을 중요한 개념으로 삼았다. 이는 인간의 행동, 개인의 특성, 환경이 서로 상호작용하며 영향을 주고받는다는 이론이다. 즉, 개인은 환경에 영향을 미치기도 하고, 환경은 개인의 행동에 영향을 미친다고 설명한다.

(4) 능동적 인간관: 반두라는 인간을 단순히 환경에 의해 결정되는 수동적인 존재로 보지 않았다. 그는 인간이 자신의 경험과 환경을 적극적으로 선택하고 해석하는 능동적인 존재라고 보았고 개인은 환경에서 얻은 정보와 피드백을 바탕으로 자신의 행동을 조정하며, 이는 지속적으로 발전하는 과정으로 설명된다.

이와 같이 반두라의 이론은 인간이 환경을 단순히 반응하는 대상이 아니라 능동적으로 행동을 배우고 변화시킬 수 있는 존재라는 점에서 매우 중요한 관점을 제시하였다.

3) 주요 개념

(1) 모방

모방은 다른 사람이 행동하는 것을 보고 들으면서 그 행동을 따라서 하는 것이다. 흔히 공격적인 행동, 이타적 행동, 불쾌감을 주는 행동이 관찰을 통해 학습된다(Bandura, Vicarious, 2013).

반두라의 실험적 연구에 따르면 아동은 첫째, 위대하다고 생각하는 사람의 행동을 위대하다고 생각하지 않는 사람의 행동보다 더 잘 모방하며 둘째, 자기와 동성인 모델의 행동을 이성인 모델의 행동보다 더 잘 모방하며 셋째, 돈, 명성, 높은 사회경제적 지위 등을 지닌 모델을 더 잘 모방하고 넷째, 벌을 받은 모델을 거의 모방하지 않으며 다섯째, 연령이나 지위에서 자기와 비슷한 모델을 상이한 모델보다 더 잘 모방한다.

(2) 인지

사회적 학습은 주로 인지적 활동이다. 인간은 심상, 사고, 계획 등을 할 수 있는 생각하고 인식하는 존재이므로 장래를 계획하고, 내적 표준에 근거해 자신의 행동을 조정하며, 자기 행동의 결과를 예측할 수 있다. 따라서 학습된 반응을 수행할 의지는 인지적 통제하에 있는 것이다. 고전적 조건화, 조작적 조건화, 관찰학습을 통해 인간은 장래의 학습과 수행에 영향을 미치는 인지적 구조를 획득한다.

(3) 자기 규제

자기 규제는 세 가지 요소, 즉 수행 과정, 판단 과정, 자기반응 과정으로 이루어진다. 자기 규제는 성과를 평가하는 개인적 기준에 따라 좌우되면 또한 자기 평가적 반응에 관계된다. 그러므로 수행된 행동은 여러 보조적 과정들을 포함하는 판단 과정을 통해 자기반응을 낳는다. 어떤 행동이 보상을 받을지 처벌을 받을지는 개인적 기준에 의해 평가된다. 적절성에 대한 절대적 기준이 있을 수 없는 활동은 다른 사람들의 활동과 비교해 상대적으로 평가된다. 또한 자기 규제의 판단 요소 중 하나는 활동의 가치이다. 사람들은 높은 가치를 두지 않는 활동에 대해서는 어떻게 하든지 큰 관심이 없다. 내적 표준은 자기의 행동에 대해 중요한 타인들이 부과한 보상 및 처벌을 통해 학습된다. 타인들로부터 습득된 이 표준이 자기 규제 체계의 토대가 된다.

(4) 자기 효율성

자기 효율성은 어떤 행동을 성공적으로 수행할 수 있다는 신념인데 자기 효율성에 관한 지각이 개인이 추구하거나 피하려고 선택하는 활동에 영향을 미쳐서 결과적으로 그가 누구인지 그가 무엇이 될 것인지를 결정한다. 자기 효율성 개념은 사람들이 새로운 역할이나 새로운 상황에 들어갈 때 어떻게 적응하는지도 설명해 준다.

(5) 관찰학습의 모형

관찰학습은 다른 사람의 행동을 관찰함으로써 학습하는 것이다. 예를 들어, 청소년들은 텔레비전에서 본 인기가수의 노래와 춤을 그대로 따라서 할 수 있다. 물론 이것이 전부는 아니다. 타인의 행동을 기계적으로 모방만 하지 않고 상이한 모델 및 사례들로부터 선택한 것들을 종합해서 새로운 행동을 만들기도 한다. 네 개의 단계를 가진 과정으로 설명하고 있다(Bandura, 1977; Mazur, 2011; Bandura, & Vicarious, 2013).

① 주의집중 단계

우선 관찰에 의해 학습하려면 어떤 모델에 조심스럽게 주의를 기울여야 한다. 어떤 모델은 다른 모델들보다 더 주의를 기울여야만 한다. 모델의 행동에 주의하고, 중요한 측면들을 재확인하며, 뚜렷한 특징들을 변별해야만 관찰을 통하여 학습이 가능하다. 주의 과정이 노출된 무수한 관찰대상 가운데 무엇을 선택적으로 관찰할 것인지를 결정한다. 관찰자의 특성, 모방될 행동의 특성, 인간 상호작용이 구조상 배치 등이 관찰 경험의 양과 유형을 결정한다. 반두라에 따르면 어린 아동이 사회적 모델로 선택할 가장 가능성 있는 대상은 다정하고 보살펴 주는 사람 또는 유능하고 강력한 힘을 가진 사람이다.

예 TV에 나오는 모델은 사람들의 주의를 끄는 데 매우 효과가 있어서 특별한 요인이나 강화의 필요성이 없이도 TV에서 많은 것이 학습되게 된다는 것을 발견한다.

② 보존 단계

모델의 행동을 재현하려면 그것을 기억해야 하는데 이는 반응패턴을 상징적 형태로 기억 속에 표상시키는 것이다. 기억은 시간이 지나면 희미해지거나 없어진다.

예 자동차정비소에서 한 견습공이 기사가 자동차엔진을 분해하고 있는 모습을 관찰한다면 그 견습공은 관찰할 때 엔진의 각 부분과 분해 절차를 언어나 시각적 형태로 표상시켜야 한다.

③ 운동적 재생 단계

관찰을 통해서는 단지 새로운 반응패턴은 알 수 있지만 정확한 행동 재생을 위해서는 필요한 운동 기술을 갖추어야 한다. 필요한 기술을 소지한 학습자는 연습 없이도 실수하지 않고 모방할 수 있으나 한두 가지 반응만 결핍되어도 관찰자는 모델을 흉내 낼 수 없다.

예 관찰학습을 통해 외국어 단어의 발음을 학습할 때 재생된 관찰자의 발음은 모델의 발음과 즉각적으로 비교, 교정할 수 있다.

④ 동기화 단계

관찰학습은 강화가 없이도 가능하다. 다시 말해 관찰만으로도 학습은 가능하며 관찰한 것을 재현할 수 있다. 그렇다고 동기 과정이 중요하지 않다는 것이 아니다. 관찰로 배우는 것과 이 반응 들을 수행할 의지를 구분하는 것은 중요하다.

첫째, 직접 강화는 과거에 자신이 직접 다른 사람으로부터 어떤 강화를 받았느냐에 따라 수행 여부를 판단하는 것을 말한다.

둘째, 대리적 강화는 모델에게 발생하는 결과를 보고 수행 여부를 판단하는 것이다.

셋째, 자기강화는 자기 자신의 내적 기준들을 설정하고 거기에 따라 자기 스스로에게 보상과 벌을 주는 것을 말한다.

4. 행동주의 이론과 사회복지 실천의 함의

행동주의 이론은 사회복지 실천(Social Work Practice)에 여러 가지 중요한 함의를 갖고 있다. 사회복지에서는 행동 수정, 심리적 문제해결, 환경적 변화 촉진을 목표로 다양한 클라이언트를 대상으로 행동주의 원리를 적용할 수 있다(김수진, 2019; 송경희, 2018; Miller & McMullan, 2000).

1) 클라이언트의 행동 변화 촉진

행동주의 이론은 클라이언트의 행동을 수정하거나 개선하려는 사회복지 실천에서 중요한 도구로 사용된다.

예를 들어, 중독문제나 공포증과 같은 심리적 문제를 해결하는 데 고전적 조건화나 조작적 조건화를 활용할 수 있다. 클라이언트가 원하지 않는 행동을 줄이고, 원하는 행동을 강화하는 방식으로 개입이 이루어진다.

체계적 둔감화나 행동 수정 프로그램 등은 고전적 조건화 이론을 기반으로 하여 불안이나 두려움을 점진적으로 해소하는 방법으로 활용된다.

2) 강화와 처벌을 통한 행동 수정

조작적 조건화의 원리를 통해 클라이언트의 행동을 강화하거나 처벌할 수 있다.

예를 들어, 긍정적 강화를 사용하여 클라이언트가 긍정적인 행동을 반복하게 만들 수 있다. 반대로 부정적 강화나 처벌을 통해 부적절한 행동을 억제할 수 있다.

사회복지사는 클라이언트가 설정한 목표에 대해 적절한 보상 시스템을 도입하여 지속적인 행동 변화를 유도할 수 있다. 이를 통해 클라이언트의 목표 달성을 지원하고, 그들의 삶의 질을 향상시킬 수 있다.

3) 실생활에서의 구체적인 행동 훈련

행동주의 이론은 일상적인 행동 훈련과 상황별 개입에 매우 유용하다.

예를 들어, 아동의 학습 지원이나 부모 훈련에서 자주 사용되며, 아동의 사회적 기술을 가르치거나, 학습 장애나 주의력 결핍 문제를 해결하는 데 활용된다.

행동주의적 접근을 통해 아동이나 성인의 적응적 행동을 증가시키고, 비적응적 행동을 감소시키는 목표를 설정하고 실천한다.

4) 환경의 변화와 행동 형성

행동주의 이론은 환경을 변화시켜 행동을 유도하는 데 중요한 역할을 한다. 사회복지사는 클라이언트의 환경을 분석하고, 변화시킬 수 있는 방법을 모색하여 행동에 영향을 미칠 수 있다.

예를 들어, 주거 환경이나 사회적 관계를 개선하는 것이 클라이언트의 행동 변화에 중요한 영향을 미칠 수 있다.

5) 대인 관계에서의 긍정적인 상호작용 강화

사회복지 실천에서는 대인 관계의 긍정적 상호작용을 강조한다. 행동주의 이론을 통해 사회적 교환의 원리를 적용하여 클라이언트가 사회적 관계에서 긍정적인 행동을 보일 때마다 그 행동을 강화하는 방식으로 클라이언트의 대인 관계를 개선할 수 있다.

6) 사회복지 실천에서 행동주의 이론의 한계 (김수진, 2019; 송경희, 2018)

- 내적 동기와 감정의 무시: 행동주의 이론은 외적인 자극에 의해 행동을 변화시키는 데 집중하며, 내적 동기나 정서적 요소는 상대적으로 간과되는 경향이 있다. 사회복지 실천에서 클라이언트의 정서적 문제나 심리적 동기도 고려해야 할 필요가 있다.
- 과도한 행동 수정: 행동 수정에 지나치게 집중할 경우, 클라이언트의 자기결정권이나 자율성을 침해할 수 있다. 사회복지사는 클라이언트의 권리와 자율성을 존중하며 행동 수정 방법을 신중하게 적용해야

한다.

- 지속적인 행동 변화의 어려움: 행동주의 이론은 단기적인 행동 변화에는 효과적이지만, 지속적인 변화나 심층적인 심리적 문제해결에는 한계가 있을 수 있다.

결론적으로 행동주의 이론은 사회복지 실천에서 행동 수정과 학습 이론의 강력한 도구로 활용된다. 클라이언트의 행동을 변화시키고, 긍정적인 행동을 강화하는 과정에서 유용하게 사용되며, 강화와 처벌을 통해 목표지향적 행동을 이끌어낸다. 그러나 이 이론은 내적 동기와 정서적 요소를 고려하지 않기 때문에, 정신적, 감정적 지원이 필요한 상황에서는 다른 이론들과 결합하여 사용하는 것이 효과적일 수 있다.

11 Chapter

인간행동에 관한 인지 발달의 이론 : 피아제, 콜버그

1. 피아제의 인지발달 이론

1) 피아제의 생애

장 피아제(Jean Piaget, 1896~1980)는 스위스의 심리학자이자 철학자로, 인지발달 이론의 선구자로 널리 알려져 있다. 그는 아동의 지적 발달 과정을 이해하기 위해 심리학, 생물학, 철학을 결합한 연구를 수행하였으며, 현대 교육학과 발달심리학에 큰 영향을 미쳤다.

피아제(Jean Piaget, 1896~1980)

▶ 주요 생애 및 업적

- 초기 생애와 교육: 피아제는 스위스 뇌샤텔에서 태어나 자연과학에 관심이 많았다. 어린 시절 조류와 연체동물에 대한 연구를 통해 생물학에 대한 깊은 이해를 키웠으며 11세 때 이미 과학 논문을 출판할 정도로 뛰어난 재능을 보였다. 뇌샤텔 대학에서 자연과학을 전공하였고, 21세에 박사학위를 취득했다.

- 파리에서의 연구와 심리학으로의 전환: 파리에서 알프레드 비네 연구소에서 일하며 아동용 지능검사 개발에 참여했다. 이 과정에서 어린이들이 어른과는 다른 방식으로 사고한다는 점에 주목하여, 이를 탐구하기로 결정했다.

- 인지 발달 이론 개발: 피아제는 아동이 세상을 이해하고 사고를 발전시키는 과정을 단계적으로 설명하는 인지 발달 단계 이론을 감각운동기, 전조작기, 구체적 조작기, 형식적 조작기의 발달 단계를 제시하였다.
- 스위스로의 귀환과 학문적 기여: 피아제는 스위스로 돌아와 여러 대학에서 강의했으며, 제네바 대학에서 연구소를 설립해 아동심리학 연구를 계속했다. 그는 인 발달 이론 외에도 도덕 발달과 학습의 사회적 측면을 연구했다.
- 영향과 유산: 그의 이론은 현대 교육학에서 아동 중심 학습의 중요성을 강조하는 데 기초가 되었으며, 교사와 부모가 아동의 발달 과정을 이해하도록 도왔다. 피아제의 연구는 발달심리학, 인지 과학, 교육 이론 등 다방면에 걸쳐 큰 영향을 미쳤다.

피아제는 자신의 연구를 통해 "아동은 단순히 축소된 성인이 아니라, 고유한 사고 체계를 가진 존재"라는 점을 강조하며, 아동 발달에 대한 새로운 이해를 열었다.

2) 피아제 이론의 인간관

피아제의 인지발달에서 인간은 매우 주관적 존재이며 개인이 나름대로 의미하는 주관적 현실만이 존재하기에 개인의 행동이나 사고를 이해하기 위해서는 그 개인의 주관적 현실을 이해하여야 한다고 보았다(Piaget, 1926).

피아제의 인지발달 이론에서 인지(cognition)란 정보를 획득하고, 저장하고, 활용하는 높은 수준의 정신 과정이고 일정한 자극을 조직하여 지식을 얻는 심리적 과정이며 사고, 지각, 기억, 지능, 언어 따위를 포함하는 정신 과정이다(Piaget, 1947).

인지 이론의 인간관은 환경에 능동적으로 적응하는 존재로서 성장 가능성과 사고하는 합리적 존재로서의 인간의 의식에 초점을 두고 인간이 환경을 어떻게 지각하고 인식하는가에 중점을 두었다.

3) 주요 개념

피아제의 인지발달 이론에서 중요한 개념인 도식, 동화, 조절, 적응, 평형화는 인간이 세상을 이해하고 적응하는 방법을 설명한다. 이 개념들은 서로 연결되어 인지발달의 주요 과정을 구성한다(조희준 역, 2006; 천은영, 2016).

(1) 도식(Schema)

도식은 우리 머릿속에 있는 기본적 정신 구조로서, 조직된 정보의 단위이다. 우리가 새로운 것을 배울 때, 신기하게도 우리 뇌는 그 정보를 다루는 방법을 이미 갖고 있다. 이 방법들을 도식이라고 부른다. 도식은 우리가 세상을 이해하는 방식을 돕는 일종의 내부 지침서 같은 것이다.

예를 들어 5세 유아가 날아다니는 물체는 새라고 배웠다고 생각해 보자. 이를 통해 이 아이는 "날아다니는 물체는 새와 같다"는 도식을 보유하게 된다.

몇 가지의 도식은 인간이 탄생하기 이전부터 이미 가지고 있다. 예를 들면 빨기도식이나 잡기 도식과 같은 것인데, 빨기도식의 경우 그러나 그 기능면에서 변화된 것은 아니라서 적응의 과정을 통해 새로운 도식을 개발하고, 기존의 것을 변형시키면서 발전하게 된다.

(2) 동화(Assimilation)

동화는 새로운 정보나 경험을 현재의 도식에 맞추어 해석하는 과정이다. 우리는 새로운 정보를 만났을 때, 그것을 이미 알고 있는 지식이나 경험과 연결하려고 한다. 예를 들어, 고양이를 처음 본 아이가 고양이를 보고 작은 호랑이라고 생각하는 것과 같다. 사과를 알고 있는 아이가 다른 동그란 물건이나, 과일을 보고 '사과'라고 말할 수 있다. 이는 인지 능력을 통해 새로운 정보를 기존의 지식 체계에 통합하는 것을 의미한다.

(3) 조절(Accommodation)

조절은 기존의 도식이 새로운 정보를 수용하기에 부적절할 때, 도식을 변경하거나 새로운 도식을 만드는 과정이다. 새로운 정보가 우리가 이미 알고 있는 것과 맞지 않을 때, 우리는 그 정보를 받아들이기 위해 우리의 '지침서'를 바꿔야 한다. 예를 들어, 아이가 처음으로 레몬을 먹어 보고 그 맛이 사과와 전혀 다르다는 걸 깨달으면, 레몬에 대한 새로운 지식을 배우게 되고 추가하게 된다.

(4) 적응(Adaptation)

적응은 환경과의 직접적인 상호작용을 통해 도식이 변화하는 과정을 말한다. 두 가지의 상호보완적인 과정을 통해 이루어지는데, 바로 동화와 조절이라는 수단이다.

(5) 평형화(Equilivration)

평형화는 동화와 조절 사이의 균형을 찾으려는 자연스러운 동기이다. 우리는 새로운 것을 배우면서 때때로 혼란스러워하고, 그래서 우리의 뇌는 새로운 정보와 기존의 지식 사이에서 균형을 찾으려고 한다. 이것은 마치 퍼즐 조각이 맞춰지는 것과 같아서, 모든 지식이 잘 맞아야 우리는 편안함을 느낀다. 이 과정을 통해 인지적 불일치를 해소하고, 보다 안정적이고 통합된 이해를 달성한다. 평형화는 지식 체계를 더욱 효과적으로 만들기 위한 자기조절 과정이라 할 수 있다.

4) 인지발달 단계

피아제는 이와 같이 아동이 세상에 관한 지식을 어떻게 구성해 나가는지에 대해 밝히면서, 인지발달 단계를 크게 4단계로 나누고 각각의 질적 특성을 다음과 같이 밝혔다.

(1) 감각운동기(sensory-motor period): 출생에서 2세경의 시기로, 이 시기에는 생물학적으로 부여된 몇 개의 단순 반사 기능이 나타나며 감각을 통하여 외부 세계의 반응을 받아들인다. 감각운동기의 말쯤이 되면 아동은 표상 능력의 기초가 되는 대상의 영속성 개념이 발달한다.

(2) 전조작기(preoperational period): 2세에서 7세경의 시기로, 이 시기에는 자기중심성, 물활론적 사고, 비가역성, 꿈의 실재론 등 성인과는 매우 다른 사고 특성을 보인다. 이 시기에는 언어발달이 급격하고 표상능력이 생기며 상징적으로 사고하는 능력이 생기지만, 추상적 개념의 습득은 한정되어 있고 직관적 사고에 의존하기 때문에 비체계적이고 비논리적인 사고체계의 특성을 보인다.

(3) 구체적 조작기(concrete operational period): 7세에서 11세경의 시기로, 이 시기에는 구체적 조작에 의해 사물의 속성을 다루고 사물의 관

계성을 고려할 수 있으며 어느 정도 논리적 추리가 가능하다. 또한, 보존 개념을 습득하고 가역성을 이해할 수 있으나 가능성의 세계나 가상적 세계에 대한 사고는 아직 미숙하다.

(4) 형식적 조작기(formal operational period): 11세 이후의 질적 사고 특성으로서 논리적 사고능력이 발달하며 추상적 개념을 통해 가설 설정과 검증을 통한 결론까지 가능한 시기이다.

피아제 인지발달 단계 이론에 더하여, 그의 주장을 몇 가지 덧붙인다면 다음과 같다(유효순, 1992).

첫째, 인지발달의 네 단계는 각각 질적으로 다르다. 즉 이 네 단계는 성장과정에서 질적으로 상이한 기간으로 나누어지며, 이때의 사고도 질적으로 다른 과정을 통해 조직화된다.

둘째, 각 단계를 지나는 시기에는 개인차가 있을 수 있으나, 그 순서는 불변적이다.

셋째, 각 단계의 정신발달은 이전 단계의 정신능력을 포함하고 있으며, 각 단계는 일반적인 특성을 가지고 있다. 즉 전조작기 유아는 감각운동기의 사고나 능력을, 구체적 조작기 아동은 전조작기의 사고나 능력을 갖고 있다. 또한 각각의 단계에서 아동이 사고하는 방식이나 인지구조는 일반적인 형태를 나타낸다. 따라서 만일 한 아동이 어떤 특정 단계에 있다는 것을 알면 여러 과제에 대한 그의 행동을 예측할 수 있다.

넷째, 이러한 인지발달 단계는 모든 문화권에서 보편적이다. 즉 세계 모든 문화권의 아동들이 위와 같은 네 개의 인지발달 단계를 거쳐 지적 발달을 이루어간다.

피아제는 유아의 사고가 성인의 사고와 질적으로 다르다는 것을 밝힘으로써 아동의 사고 과정의 독자적인 요소를 지적하였고, 다양한 인지발달 단계에서 유아가 무엇을 할 수 있으며 무엇을 이해할 수 있는지를 기술함으로써 교사와 유아를 다루는 다른 사람들에게 가치 있는 지침을 제공하였으나, 인지 성장과 관련된 것 외에 정서나 인성 발달에 대하여 거의 논의하지 않았고, 대부분의 이론이 자신의 자녀와 같은 소수의 아동을 대상으로 한 개인적인 관찰로부터 도출되었다는 점에서 비판을 받고 있다(Miller, 2011).

5) 피아제의 인지발달 이론과 사회복지 실천의 함의

피아제의 이론은 사회복지 실천에서 클라이언트의 발달 수준에 맞는 개입을 설계하는 데 유용하다. 사회복지 실천에서 아동과 청소년, 성인 클라이언트를 대상으로 하는 다양한 서비스와 프로그램을 설계할 때 피아제의 이론을 활용할 수 있다(Tharp, Gallimore, 2011; Zastrow, 2021).

(1) 아동과 청소년 클라이언트의 발달적 이해

피아제의 이론은 아동과 청소년의 인지적 수준을 이해하는 데 중요한 기준이 된다. 사회복지사는 클라이언트의 인지적 발달 단계를 파악하여, 그들의 문제를 해결하는 데 적합한 접근 방식을 선택할 수 있다.

예를 들어, 전조작기에 있는 아동에게는 추상적인 사고를 요구하는 해결책보다는 구체적인 예시나 시각적 자료를 사용한 접근이 필요하다.

구체적 조작기에 있는 아동은 논리적 사고를 할 수 있기 때문에 문제해결을 위한 구체적인 분석과 구체적 경험을 제공하는 것이 효과적이다.

(2) 클라이언트의 인지적 발달 수준에 따른 개입

인지적 발달 수준에 따라 사회복지사는 클라이언트에게 적합한 상담 기법과 치료법을 적용해야 한다.

예를 들어, 형식적 조작기에 있는 청소년이나 성인은 추상적 사고가 가능하므로 인간관계의 복잡한 문제나 사회적 갈등을 해결하는 데 필요한 논리적 분석을 할 수 있다. 이들에게는 자기 탐색과 문제해결 능력 향상을 돕는 방법이 적합하다.

전조작기나 구체적 조작기에 있는 아동은 사고가 아직 비논리적일 수 있으므로, 행동 수정이나 구체적인 설명을 통해 문제를 해결하도록 유도할 수 있다.

(3) 환경적 요소와 사회적 상호작용

피아제는 사회적 상호작용이 아동의 발달에 중요한 역할을 한다고 보았다. 사회복지사는 아동이나 청소년이 건강한 사회적 상호작용을 할 수 있도록 적절한 환경을 제공하는 역할을 할 수 있다. 예를 들어, 집단 활동이나 사회적 학습을 통해 아동은 인지적 발달을 더욱 촉진할 수 있다.

(4) 인지발달을 고려한 프로그램 설계

사회복지 실천에서는 인지발달을 고려한 교육 프로그램이나 심리치료 프로그램을 설계하는 것이 중요하다. 아동의 발달 단계에 맞는 개별화된 치료법이나 학습 전략을 제공하여, 그들이 새로운 개념을 이해하고, 복잡한 문제를 해결할 수 있도록 돕는 것이 사회복지사의 중요한 역할이다.

결과적으로 피아제의 인지발달 이론은 아동의 발달 수준을 이해하고 이에 맞는 개입을 설계하는 데 매우 중요한 기초를 제공한다. 사회복지 실천에서 아동, 청소년을 대상으로 하는 다양한 개입에서, 피아제의 발달 단계를 반영한 맞춤형 접근이 필요하다. 피아제의 이론은 행동 수정과 사회적 상호작용 촉진을 통해 인지적 발달을 돕고, 문제해결 능력을 향상시키는 데 유용한 도구가 된다.

2. 콜버그의 도덕성발달 이론

1) 콜버그의 생애

콜버그
(Lawrence Kohlberg, 1927~1987)

로렌스 콜버그(Lawrence Kohlberg, 1927~1987)는 미국의 심리학자로, 도덕 발달 이론으로 잘 알려져 있다. 그는 인간의 도덕적 판단이 단계적으로 발전한다는 이론을 제시하여 심리학과 교육학에 큰 영향을 끼쳤다.

▶ 생애 개요

- 출생과 초기 생애: 콜버그는 1927년 미국 뉴욕에서 태어났다. 부모님의 이혼과 재혼 등 가정환경에서 다양한 경험을 하며 성장하였고, 이러한 경험이 그의 연구에 영향을 주었다고 평가받았다.

- 청년 시절: 제2차 세계대전 이후 그는 국제적 인도주의 활동에 참여하였고, 유대인 난민을 돕는 일에 관여하기도 했다. 이 시기에 도덕적 딜레마와 선택에 대한 관심이 커졌다.

- 학문적 경력: 콜버그는 시카고 대학교(University of Chicago)에서 학사와 박사학위를 취득했으며 그의 박사학위 논문은 피아제의 발달 이론을

확장하여 도덕적 사고의 발달 과정을 탐구한 내용으로, 이후 도덕 발달 이론의 기초가 되었다.

- 도덕 발달 이론: 콜버그는 도덕적 판단이 6단계에 걸쳐 발전한다고 주장하였고 이 단계는 세 가지 주요 수준으로 전인습적 수준, 인습적 수준, 후인습적 수준으로 설명했다.

- 말년과 죽음: 콜버그는 1980년대에 들어 신체적, 정신적 건강 문제를 겪으며 고통스러운 시기를 보냈으며 1987년 매사추세츠에서 스스로 생을 마감했다. 그의 죽음 이후에도 그의 이론은 교육학, 심리학, 윤리학에서 지속적으로 연구되고 활용되고 있다.

▶ 학문적 유산

콜버그의 연구는 도덕 발달과 관련된 심리학 연구의 기반을 마련했으며, 도덕적 판단과 행동의 관계를 이해하는 데 큰 기여를 했다. 그의 이론은 도덕적 교육과 심리치료, 그리고 윤리적 의사결정 연구에 여전히 영향을 미치고 있다.

2) 콜버그 이론의 인간관

콜버그는 인간의 도덕적 발달을 연구한 심리학자로, 인간의 도덕성 발달 과정을 단계적으로 설명한 콜버그의 도덕성 발달 이론으로 유명하다. 그는 도덕성이 단순히 선천적이거나 환경에 의해 주어지는 것이 아니라, 인간의 인지발달과 함께 점진적으로 발전한다고 보았다(이강숙 역, 2008).

콜버그의 인간관은 주로 그의 도덕성 발달 이론을 통해 나타난다. 이를 토대로 그의 인간관을 다음과 같다.

(1) 도덕성의 발달 가능성

콜버그는 인간이 본질적으로 도덕적 성장의 가능성을 가지고 있다고 보았다. 그는 도덕성이 단순히 외부로부터 주입되거나 학습되는 것이 아니라, 인지적 성장과 함께 도덕적 추론 능력이 발달한다고 주장했다.

(2) 자율적 존재로서의 인간

콜버그는 인간을 스스로 사고하고 도덕적 결정을 내릴 수 있는 자율적인 존재로 간주했다. 특히, 그는 도덕적 선택이 외부의 보상이나 처벌에 의존하는 것이 아니라, 개인의 이성과 원칙에 기반해 이루어져야 한다고 보았다.

(3) 단계적 발달의 과정

콜버그는 도덕성 발달이 연속적이고 단계적인 과정이라고 보았다. 이를 통해 인간은 점차 자기중심적 관점에서 벗어나 보편적 윤리 원칙을 이해하고 이를 실천할 수 있는 수준으로 나아간다고 설명했다.

(4) 사회적 맥락에서의 성장

인간의 도덕적 발달은 사회적 상호작용과 경험을 통해 이루어진다고 보았다. 콜버그는 인간이 도덕적 딜레마를 탐구하고 논의하는 과정을 통해 자신의 도덕적 판단 능력을 키울 수 있다고 믿었다.

3) 도덕성 발달 단계

▶ 하인즈의 사례

하인즈(Heinz)라는 사람은 특수한 종류의 암을 앓아 거의 죽어가는 자기 아내를 살리기 위해 약을 사러 갔다. 그 부인의 병을 치료하는 데는 오직 한 가지 약밖에 없는 것으로 알려져 있었다. 이 약은 같은 마을에 사는 어느 약사가 최근에 발명한 라디움 종류의 약이었다. 그 약의 원가는 200달러 정도인데, 2,000달러를 요구했다. 남편인 하인즈는 돈을 구하기 위해 아는 사람들을 모두 찾아다녔으나 그 약값의 절반밖에 안 되는 1,000달러밖에 마련하지 못했다. 할 수 없이 하인즈는 그 약사에게 가서 자기 부인이 죽어가고 있다고 설명하고 그 약을 1,000달러를 받고 싸게 팔거나, 아니면 외상으로라도 자기에게 팔아주면 다음에 그 돈을 갚겠다고 간청했다. 그러나, 그 약사는 "안 됩니다. 그 약은 내가 발명한 약인데, 나는 그 약으로 돈을 벌어야 합니다"라고 대답했다. 절망에 빠진 하인즈는 결국 약방을 부수고 들어가서 자기 부인을 위하여 그 약을 훔쳐내었다.

콜버그가 도덕성 발달을 알아보기 위해 고안한 '하인즈 딜레마'라는 유명한 이야기다. 그는 위와 같은 이야기를 들려 준 다음, 다음과 같은 질문을 하였다.

- 남편은 약을 훔쳤기 때문에 벌을 받아야만 하는가?
- 약제사는 그렇게 터무니없이 비싼 약값을 요구할 권리를 가지고 있는가?
- 약제사가 부인을 죽인 것이나 다름없다고 비난하는 것은 정당한가?
- 만약 정당하다면 그리고 부인이 중요한 인물이었다면, 약제사를 더 심하게 처벌해야 할까?

이런 질문을 한 다음 그 반응을 분석한 결과, 연령에 따라 도덕기준이

다르다는 사실을 발견하고 이러한 도덕성 발달을 3 수준 6단계로 제시하였다.

(1) 제1수준: 전인습적 도덕기

1, 2단계가 속하는 이 시기는 진정한 의미의 도덕성이 없다는 것이 특징이다. 따라서 단지 처벌과 복종에 의해 결정되며, 그 후 쾌락에 의해 결정된다.

• 1단계 (복종과 처벌지향)

3세~7세에서 나타나는 이 단계는 벌과 순종을 향하여 있다. 따라서 하인즈가 약을 훔치는 것은 벌을 받게 되기 때문에 잘못이라고 판단한다. 예를 들어, 이 나이 또래 아이들에게 잘못한 친구를 고자질할 것인가 말 것인가 하는 질문을 한다면, "나는 말할 거야! 그렇지 않으면 혼날 테니까"라고 대답할 것이다.

• 2단계 (상대적 쾌락주의)

8세~11세의 어린이에게 나타나는 이 단계는 자신의 욕구 충족이 도덕 판단의 기준이 된다. 따라서 약을 훔쳐서라도 하인즈는 자기 아내의 생명을 구해야 한다고 판단하는 시기이다.

(2) 제2수준: 인습적 도덕기

전통적인 법과 질서에 동조하는 도덕성이 발달하며, 자신이 속한 집단의 기대나 기준에 맞추어 행동하는 것을 이상으로 여기며 사회질서에 동조하고자 하고 힘 있는 사람과 동일시를 하려 한다.

• 3단계 (착한 아이 지향)

12세~17세의 청소년에게 나타나는 이 시기는 상호 인격적 일치가 나타난다. 따라서 하인즈가 약을 훔치는 것은 약사의 권리를 침해하여 남에게 해를 끼치기 때문에 옳지 못하다고 판단한다. 이 시기는 다른 사람의 관점과 의도를 이해할 수 있고 고려할 수 있다. 따라서 항상 정의는 승리한다는 정의감에 사로잡히는 시기이기도 하다.

• 4단계 (사회질서와 권위 지향)

18세~25세의 시기에 해당되는 단계로 법은 어떤 경우에도 지켜져야 한다는 생각을 갖고 있다. 따라서 하인즈의 행동은 정당하지 못하다고 판단하는 시기이다. 이 시기에는 법과 질서가 도덕 기준을 판단하는 가장 큰 무기이다. 따라서 잘잘못을 가릴 때는 항상 법을 어겼는가 아닌가를 우선시한다. 그러나, 아직 소수의 권리에 대한 예리한 감각은 없다.

(3) 제3수준: 후인습적 도덕기

5, 6단계가 속하는 제3수준은 자신의 가치관과 도덕적 원리원칙이 자신이 속한 집단과 별개임을 깨닫게 되면서 개인의 양심에 근거하여 행위를 하게 된다.

• 5단계 (민주적 법률)

25세 이상의 시기에 나타나는 단계로서 하인즈가 약국 문을 부수고 들어간 것은 잘못이나 인명을 구하기 위한 일이므로 용서해야 한다고 판단하는 시기이다. 이 시기의 사람들은 인간으로서 기본 권리를 중시함으로 소수까지 포함된 모든 개인의 권리가 인정되는 것이 옳다고 판단한다.

• 6단계 (보편적 원리)

제6단계는 극히 소수만이 도달할 수 있는 단계이기 때문에 일반적인 나이를 들 수가 없다. 이 시기는 법이나 관습 이전에 인간 생명이 관여된 문제로서 생명의 가치는 무엇보다도 우선되어야 한다고 생각한다. 따라서 보편적 도덕원리를 지향하고 스스로 선택한 도덕원리나 양심의 결단에 따른다.

• 7단계 (우주적 영생을 지향하는 단계)

콜버그는 말년에 7단계를 추가한다. 그것은 도덕 문제는 도덕이나 삶 자체가 문제가 아니라 우주적 질서와의 통합이라고 보는 단계이다. 예수, 간디, 마틴 루터 킹, 공자, 소크라테스, 칸트, 테레사 등의 위대한 도덕가나 종교 지도자, 철인들의 목표가 곧 우주적인 원리이다. 우주적인 원리가 속하는 것은 '내가 대접을 받고자 하는 대로 남을 대접하라'는 황금률과 같은 곳에서 드러난다. 생명의 신성함, 최대다수를 위한 최선의 원리, 인간 성장을 조성하는 원리 등이 우주적인 원리에 속한다.

콜버그의 도덕 발달 이론은 기본적으로 피아제의 인지발달 이론에 근거한다. 여기서 콜버그는 피아제가 도덕성을 타율적 도덕성과 자율적 도덕성으로 양분한 것은 도덕성 발달을 지나치게 단순하게 본 것이라고 생각했다. 또한 피아제가 주로 어린이를 연구의 대상으로 한 것에서 성인까지 확대하여 도덕성 발달을 확대하여 제시하였다.

4) 콜버그의 도덕성 발달 이론과 사회복지 실천의 함의

콜버그의 도덕성 발달 이론은 사회복지 실천에서 클라이언트의 도덕적 발달 단계에 맞춰 맞춤형 개입을 설계하는 데 중요한 역할을 한다. 사회복지사는 클라이언트가 각기 다른 도덕적 사고 수준에 있다는 것을 이해하고, 그에 맞는 개입 전략을 수립해야 한다(이강숙 역, 2008; 정정윤 역, 2009; Power, Higgins & Kohlberg, 1989).

(1) 아동과 청소년의 도덕성 발달 이해

사회복지사는 아동과 청소년이 도덕적 결정을 내리는 방식을 이해하여, 그들의 발달 단계에 맞는 개입을 할 수 있다.

예를 들어, 전처벌적 수준에 있는 아동은 처벌을 피하기 위한 행동을 할 수 있으며, 이때 사회복지사는 처벌이나 보상을 통해 행동을 지도할 수 있다.

향후 처벌적 수준에 있는 아동은 사회적 인정과 법적 규범을 중시하므로, 사회적 규범과 법을 지키는 것을 중요하게 강조하는 접근이 필요하다.

(2) 도덕적 딜레마 해결을 위한 상담

도덕적 딜레마를 해결하는 데 있어, 클라이언트가 어느 수준의 도덕적 사고를 하는지 파악하는 것이 중요하다.

예를 들어, 5단계(사회 계약 지향)에 있는 클라이언트에게는 사회적 정의와 법의 변화에 대한 사고를 촉진하고, 6단계(보편적 윤리적 원칙 지향)에 있는 사람에게는 자기 자신만의 윤리적 기준을 더욱 발전시킬 수 있도록 돕는 접근이 필요하다.

(3) 클라이언트의 도덕적 성장 촉진

사회복지사는 클라이언트가 도덕적 성장을 이룰 수 있도록 지원해야 한다.

예를 들어, 전처벌적 수준에서 향후 처벌적 수준으로 넘어가는 과정을 돕기 위해서는 타인의 요구와 규범을 이해할 수 있도록 돕는 활동이 필요하다.

향후 처벌적 수준에서 후처벌적 수준으로 발전하려면, 자기반성과 보편적 윤리적 원칙에 대한 교육을 통해 클라이언트의 사고를 확장시킬 수 있다.

(4) 사회적 규범과 법의 이해 촉진

콜버그의 이론을 바탕으로, 사회복지사는 클라이언트가 사회적 규범을 이해하고 따를 수 있도록 도와야 한다. 특히 구금시설이나 재활 프로그램에서는 클라이언트가 법과 사회적 책임을 더 잘 이해하도록 돕는 것이 중요하다.

(5) 문화적 차이를 고려한 개입

콜버그의 이론은 보편적인 발달 단계를 제시하지만, 문화적 차이가 있을 수 있다는 점을 인식해야 한다. 사회복지사는 클라이언트의 문화적 배경을 고려하여, 그들이 도덕적 발달에서 어느 단계에 있는지를 판단하고, 문화적 특성을 반영한 개입이 필요하다.

결론적으로 콜버그의 도덕성 발달 이론은 사람들의 도덕적 사고가 단계적으로 변화하며, 그 과정에서 사회적 규범, 법, 보편적 윤리적 원칙에 대한 이해가 점차 심화 된다고 주장한다. 사회복지 실천에서 이 이론을 활용하면, 클라이언트의 도덕적 발달 수준에 맞는 맞춤형 개입을 제공하고, 클라이언트가 도덕적으로 성장할 수 있도록 돕는 데 유용하다.

12 Chapter

인간행동에 관한 인본주의 이론 : 매슬로, 로저스

1. 매슬로의 인본주의 이론

1) 매슬로의 생애

에이브러햄 매슬로(Abraham Harold Maslow, 1908~1970)는 미국의 심리학자로, 인간주의 심리학의 창시자 중 한 명으로 널리 알려져 있다. 그는 특히 욕구 단계 이론(욕구의 위계)으로 유명하며, 인간의 동기와 행동을 이해하는 데 큰 기여를 했다.

매슬로(Abraham Maslow, 1908~1970)

▶ 초기 생애

- 출생: 1908년 4월 1일, 미국 뉴욕주 브루클린
- 가정환경: 러시아계 유대인 이민자 가정에서 일곱 자녀 중 첫째로 태어났으며, 부모는 교육에 큰 가치를 두었지만, 어린 시절에는 정서적으로 외로운 시간을 많이 보냈다.
- 학창 시절에는 내성적이었지만 책을 통해 넓은 세상을 배우며 학문적 관심을 키웠다.

▶ 학문적 경력

- 교육: 뉴욕시립대(City College of New York)에서 학업을 시작했으나 이후 위스콘신 대학교로 옮겨 심리학 박사학위를 취득했고 여기서 존 왓슨의 영향을 받아 행동주의를 처음 배웠다.

- 경력: 콜롬비아 대학교에서 해리 할로우와의 연구를 통해 초기 인간 행동과 동기 이론에 대한 관심을 키워나가 연구를 시작했다. 이후 브랜다이스 대학교에서 인간주의 심리학에 대한 연구를 본격적으로 진행하며 학계에서 명성을 얻게 되었다.

▶ 주요 이론: 욕구의 위계

매슬로는 인간의 욕구가 단계적으로 발전한다고 주장했으며 그의 욕구 단계 이론은 피라미드 형태로 표현되며 생리적 욕구, 안전욕구, 사회적 욕구, 존중 욕구, 자아실현 욕구를 제시하였다.

▶ 인간주의 심리학

매슬로는 심리학이 지나치게 병리적 측면에 초점을 맞춘다고 비판하며, 긍정적이고 성장 지향적인 관점을 강조했다. 그는 인간의 본질이 선하고, 자아실현을 통해 최고 잠재력을 발휘하려는 경향이 있다고 보았다.

▶ 말년과 유산

- 매슬로는 심리학 연구뿐만 아니라 경영학과 교육학에도 영향을 미쳤으며, 그의 이론은 현대 조직관리와 리더십 이론에서도 널리 활용되었다.
- 1970년 6월 8일, 심장마비로 사망했다.

매슬로의 연구와 이론은 단순한 과학적 분석을 넘어, 여전히 심리학과 경영, 교육 등 여러 분야에서 중요한 영향을 미치고 있다. 또한 인간의 긍정적인 잠재력과 자기실현을 강조하며, 심리학적 연구의 패러다임을 변화시켰다.

2) 매슬로 이론의 인간관

매슬로(A. H. Maslow)의 인간관은 그의 욕구 위계 이론을 중심으로 이해할 수 있다. 그는 인간을 성장 가능성과 잠재력을 가진 긍정적 존재로 보며, 기본적인 생존 욕구에서 자아실현에 이르기까지 다양한 욕구를 충족하려는 동기에서 행동한다고 주장했다. 다음은 자아실현 이론의 인간관에 대해 살펴보고자 한다.

첫째, 낙관론적 인간관은 다른 현상학적 관점을 가진 이론가들과 마찬가지로 인간의 본성을 긍정적으로 바라보았다. 즉, 인간은 본질적으로 선하며, 자기실현의 욕구를 가진 존재라는 것이다. 그는 인간의 악하고 파괴적이며 폭력적 요소들은 인간의 본성이 악해서라기보다는 환경이 좋지 않은 데서 발생한 것으로 보았다. 즉, 인간은 환경조건만 적당하다면 자신이 가지고 있는 잠재 능력을 실현해 나갈 수 있는 창조적인 존재라는 것이다. 따라서 매슬로의 인간관은 낙관적이라고 볼 수 있다.

둘째, 유전론적 인간관은 인간이란 자신의 인생에 대해 자유롭게 선택하고 결정할 수 있다는 실존주의적 입장을 취하고 있기 때문에 인간을 환경론이나 유전론의 입장에서 논하는 것은 큰 의미가 없다. 하지만 유전과 환경의 측면에서 인간관을 살펴본다면, 그는 환경론보다는 유전론 쪽에 더 비중을 두고 있다고 여겨진다. 왜냐하면 매슬로는 인간이 욕구를 선천적으로 타고난다고 보았기 때문이다. 즉, 인간은 생리적 욕구도 타고나지만 자신의 잠재력을 실현하려는 자아실현 욕구도 선천적으로 타고나는 추동(drive)이라고 보았다. 따라서 매슬로는 인간이 환경보다는 유전의 영향을 더 많이 받는다고 보는 입장임을 알 수 있다.

셋째, 자유론적 인간관은 인간은 자신의 운명을 스스로 만들어 가는 자유로운 존재라고 보았다. 인간은 욕구 5단계의 가장 상위 단계인 자아실현에 도달하기 위해 평생을 노력한다는 것이다. 그리고 인간은 자신이 어떤 사람이 되기를 원하는가를 결정할 수 있는 능력을 가지고 있다고 보았다. 또한 그는 각 단계의 욕구를 해결하는 과정에서 성격의 변화가 필연적으로 일어난다고 하였다. 이때 자신의 잠재력을 실현시키는 방향으로 성격이 변화하는 것을 가장 이상적이라고 하였다. 매슬로는 인간을 끊임없이 노력하고 변화를 추구하는 존재로 보았기 때문에 자유론적 인간관을 가지고 있다.

넷째, 전체론적 인간관은 매슬로는 각 개인은 하나의 통합되고 조직화된 전체이기 때문에 부분이 아닌 전체적인 측면에서 이해해야 한다고 하였다. 즉, 음식을 원하는 것은 한 개인의 위가 아니라 그 사람 자신이라는 것이다. 또한 한 개인이 배고플 때 그 사람 전체가 배고픈 것이며, 음식도 한 사람의 위를 만족시키는 것이 아니라 그 개인 전체를 만족시키는 것이라고 하였다. 따라서 매슬로는 인간의 본성을 전체론적인 관점에서 보고 있음을 알 수 있다.

위와 같이 매슬로는 정신병리학적 문제에 초점을 맞춘 심리학이 아닌, 건강하고 성공적으로 삶을 살아가는 개인을 연구했다. 그는 인간의 긍정적이고 창조적인 면을 강조하며, 이를 통해 심리학과 인간 본성에 대한 이해를 확장하고자 했다.

3) 욕구단계이론(Need Hierarchy Theory)의 주요 개념

욕구단계설은 1943년에 처음 제시한 것으로, 사람에게 동기를 부여하려면 단계별로 상승하는 인간의 욕구를 제대로 이해해야 한다는 주장이다. 인간의 욕구는 낮은 단계의 욕구로부터 시작하여 그것이 충족됨에 따라서 차츰 상위 단계로 올라간다. 이러한 매슬로의 이론은 브랜다이스 대학에 재직할 당시에 집필한 『인간의 동기와 성격』(Motivation and Personality)이라는 책에서 소개되었다(Maslow, 1943, 1954, 1968).

(1) 1단계: 생리적 욕구(Physiological Needs)

욕구단계설의 첫 단계는 인간에게 있어 가장 기본이라 할 수 있는 생리적 욕구이다. 즉, 따뜻함이나 거주지, 먹을 것을 얻고자 하는 욕구이다. 인간은 빵만으로 사는 것은 아니지만 정말로 굶주리고 있는 사람에게 있어서는 빵 한 조각이 전부인 것이다. 춥고 배고픈 문제가 해결되지 않는 한 다른 욕구는 모습을 나타내지 않는다.

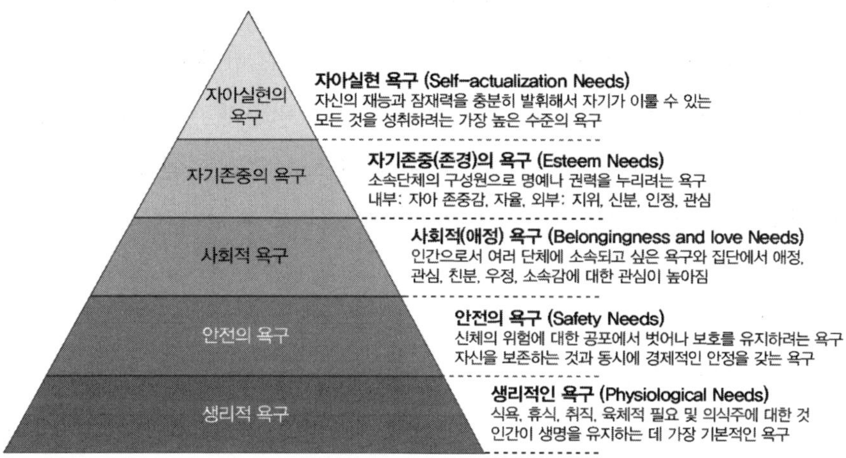

〈그림 12-1〉 매슬로의 욕구단계

(2) 2단계: 안전 욕구(Safety Needs)

일단 생리적 욕구가 어느 정도 충족되면 안전의 욕구가 나타난다. 이 욕구는 근본적으로 신체적 및 감정적인 위험으로부터 보호되고 안전해지기를 바라는 욕구이다. 매슬로는 안전 욕구에 대해 다음과 같이 말했다. "어떤 사람이 극도로, 또 상시적으로 안전을 추구한다면 그런 인물이야말로 안전만을 위해서 삶을 영위한다고 할 수 있다."

(3) 3단계: 소속감과 애정욕구(Belongingness and Love Needs)

일단 생리적 욕구와 안전 욕구가 어느 정도 충족되면 소속감이나 애정 욕구가 지배적인 것으로 나타나게 된다. 한마디로 집단을 만들고 싶다, 동료들로부터 받아들여지고 싶다는 욕구이다. 인간은 사회적인 존재이므로 어디에 소속되거나 자신이 다른 집단에 의해서 받아들여지기를 원하고 동료와 친교를 나누고 싶어 하고 또 이성 간의 교제나 결혼을 갈구하게 된다.

(4) 4단계: 존경 욕구(Esteem Needs)

인간은 어디에 속하려는 그의 욕구가 어느 정도 만족되기 시작하면 어느 집단의 단순한 구성원 이상의 것이 되기를 원한다. 이는 내적으로 자존, 자율을 성취하려는 욕구(내적 존경욕구) 및 외적으로 타인으로부터 주의를 받고, 인정을 받으며, 집단 내에서 어떤 지위를 확보하려는 욕구(외적 존경욕구)이다.

(5) 5단계: 자아실현욕구(Self-Actualization Needs)

일단 존경의 욕구가 어느 정도 충족되기 시작하면 다음에는 "나의 능력을 발휘하고 싶다", "자기계발을 계속하고 싶다"는 자아 실현욕구가 강력하게 나타난다. 이는 자신이 이룰 수 있는 것 혹은 될 수 있는 것을 성취하려는 욕구이다. 즉, 계속적인 자기 발전을 통하여 성장하고, 자신의 잠재력을 극대화하여 자아를 완성시키려는 욕구이다.

4) 매슬로의 인본주의 이론과 사회복지 실천에 대한 함의

매슬로의 욕구 단계 이론은 사회복지 실천에서 클라이언트의 욕구를 이해하고, 그들이 처한 환경에 맞는 개입을 할 수 있도록 돕는 중요한 틀을 제공한다(이은수 역, 2015; 홍성태 역, 2017).

(1) 기본적인 욕구 충족 우선

사회복지사는 클라이언트가 생리적 욕구와 안전 욕구를 충족시킬 수 있도록 돕는 것이 우선이다. 예를 들어, 주거 문제나 생계 문제를 해결하고, 클라이언트가 안전한 환경에서 생활할 수 있도록 지원하는 것이 중요하다.

(2) 사회적 소속감 강화

클라이언트가 소속감과 애정의 욕구를 충족할 수 있도록, 가족 및 친구 관계를 지원하거나 사회적 네트워크를 형성하는 데 도움을 줄 수 있다. 사회복지사는 클라이언트가 외로움과 고립에서 벗어날 수 있도록 돕는 역할을 한다.

(3) 자존감 향상

존경 욕구를 충족시키기 위해, 클라이언트의 자존감을 향상시키고, 자신감을 키울 수 있도록 돕는 것이 중요하다. 이를 위해 상담, 교육, 취업 지원 등을 통해 자기 존중과 사회적 인정을 받을 수 있는 기회를 제공한다.

(4) 자기실현을 위한 지원

자기실현 욕구를 충족하려면, 클라이언트가 자신의 잠재력을 인식하고 이를 발휘할 수 있는 기회를 제공하는 것이 중요하다. 사회복지사는 클라이언트가 자기계발, 창의성 발휘, 자기 주도적인 삶을 살 수 있도록 지원한다.

결과적으로 매슬로의 인본주의 이론은 인간의 행동과 동기를 이해하는 데 중요한 틀을 제공한다. 특히 욕구 단계 이론은 사회복지 실천에서 클라이언트의 욕구를 체계적으로 분석하고, 그들의 개발과 성장을 돕는 방법을 제시한다. 사회복지사는 매슬로의 이론을 바탕으로 클라이언트가 자기실현에 이를 수 있도록 지원할 수 있는 다양한 개입 방안을 마련할 수 있다.

2. 로저스의 인본주의 이론

1) 로저스의 생애

칼 로저스(Carl Rogers, 1902~1987)는 미국의 심리학자로, 인간 중심 치료(Humanistic Therapy)의 창시자로 잘 알려져 있다. 그의 생애는 심리학 및 상담 분야에서 중요한 영향을 미쳤다. 로저스는 인간 본성에 대한 긍정적인 접근을 바탕으로 개인의 성장과 자기실현을 중시하는 심리학 이론을 발전시켰다.

▶ 주요 생애와 경력

로저스(Carl Rogers, 1902~1987)

- 출생과 교육: 칼 로저스는 1902년 1월 8일, 미국 일리노이주 오크 파크에서 태어났다. 아버지는 토건업자이며, 도시공학자 부모 모두 독실한 종교인이고 어머니는 엄격한 근본주의자로 자처하였고 가족은 화목하였다. 그는 시카고대학교에서 심리학을 전공하였고, 1931년에는 컬럼비아대학교에서 박사학위를 받았다.

- 초기 경력: 로저스는 초기에는 정신분석학과 행동주의 심리학을 연구했으나, 이러한 전통적인 심리학적 접근에 회의를 느꼈다. 그는 특히 인간의 자유의지와 자기 성장을 강조하는 접근에 더 관심을 가졌다.

- 인간 중심 치료의 개발: 로저스는 개인의 경험과 감정을 존중하는 치료 방식을 개발했다. 그의 치료 이론은 "내담자 중심 치료(Client-Centered Therapy)" 또는 "인간 중심 치료"라고 불린다. 그는 치료자가 아닌 내담자가 중심이 되어 자기 탐색을 통해 문제를 해결해 나가는 방식을 제시했으며 그는 "조건 없는 긍정적 존중(Unconditional Positive Regard)"과 "진실성(Authenticity)"의 중요성을 강조했다.

- 인간 중심 이론의 확장: 로저스는 인간의 자아실현을 통해 개인이 자아를 발견하고 성장할 수 있다는 이론을 제시했다. 그는 교육, 상담, 조직관리 등 다양한 분야에 인간 중심 접근을 적용하였고, 이를 통해 사람들의 잠재력을 최대한 발휘할 수 있도록 돕는 방법을 탐구했다.

- 후기 경력: 로저스는 1960년대부터 1970년대까지 다양한 국제적인 활동을 하였으며, 심리학 외에도 교육, 조직 개발, 그리고 갈등 해결 분

야에서 활동을 넓혔다. 특히 그는 인간적 관계와 사회적 변화에 대한 관심을 가지고 평화와 협력의 가치를 강조했다.

- 사망: 칼 로저스는 1987년 2월 4일, 캘리포니아주에서 사망하였다.

▶ **주요 저서**

- 『인간 중심 치료』(Client-Centered Therapy, 1951)
- 『자기실현의 길』(On Becoming a Person, 1961)
- 『인간관계의 본질』(A Way of Being, 1980)

칼 로저스는 인간의 자유로운 선택과 내적 경험을 중심으로 인간 심리학을 혁신적으로 변화시킨 인물로, 오늘날 상담과 심리학 분야에서 그 영향력이 계속해서 느껴지고 있다.

2) 로저스 이론의 인간관

로저스에 의하면 인간은 본질적으로 학습하고자 하는 선천적인 동기를 가지고 있기 때문에 상담자는 조력자, 촉진자의 역할만 잘하면 된다고 한다. 따라서 상담자는 내담자를 한 인간으로 존중하고 그의 마음을 공감적으로 이해하며 수용적이고 지지적인 분위기를 제공하는 것이 필요하다고 한다. 사랑, 창조성, 선택, 의미, 가치, 자아실현 등 인간의 긍정적인 측면에 초점을 맞춘다.

로저스는 인간은 믿을 수 있고 능력이 있으며 자기 이해와 자아실현을 위한 잠재력을 지니고 있다고 보며, 자아실현은 일생을 통해서 이루어지는 과정이라고 한다. 또한 인간은 신뢰하고 존경하는 분위기가 형성된다면 누구나 긍정적으로 발달하고 성장할 수 있고 자기 인식을 할 수 있고 더욱 적절한 행동을 할 수 있는 능력을 지니고 있다고 한다(Rogers, 1954, 1961, 1980).

따라서 상담자는 내담자에 대한 비지시적 접근을 강조하며, 내담자 중심의 치료 방법을 내세웠다. 치료자가 내담자를 있는 그대로의 인간으로서 존중하고 수용하면 내담자 또한 그동안 스스로를 부인하거나 왜곡하여 인식했던 자신의 행동이나 감정을 받아들이게 되고 이 과정을 통해 자아와 체험이 서로 일치하는 영역이 점점 넓어짐으로써 치료된다고 보았다. 그리고 인간행동은 실체와 다를지라도 주체에게 나타나는 직접적인 체험적 사실, 즉 당사자의 현상에 대한 주관적 인식의 분석을 통하여 이해가 가능하다고 보았다. 그러므로 인간의 성격과 행동을 분석할 때 특정 동기나 과거의 경험보다는 '지금 여기'에서 주체에게 나타나는 직접적 체험 사실, 즉 현상을 중심에 놓고 있어 로저스의 이론을 현상적이라고 평가한다.

3) 주요개념

로저스의 인본주의 이론은 심리학에서 매우 중요한 위치를 차지하며, 그의 이론은 특히 상담심리학과 인간 성장 및 개발에 있어서 혁신적인 기여를 하였다. 로저스의 이론은 몇 가지 핵심 개념이 기반하고 있다(최정아 역, 2012; Corey, 2017).

(1) 자아실현(Self-Actualization)

로저스는 인간이 자신의 잠재력을 최대한 발휘하고자 하는 내재된 경향을 가지고 있다고 보았다. 자아실현은 개인이 자신의 능력을 완전히 개발하고 자신만의 유일한 방식으로 최선을 다해 살아가는 과정을 의미한다. 이는 로저스가 강조한 인간 본성의 긍정적이고 성장 지향적인 측면을 반영한다.

(2) 조건 없는 긍정적 존중(Unconditional Positive Regard)

로저스는 사람들이 자신들의 가치를 인식하고 성장할 수 있도록 무조건적인 긍정적 존중을 받아야 한다고 주장하였다. 이는 타인으로부터의 비판이나 조건 없는 수용을 의미하며, 개인이 자신의 진정한 감정과 경험을 탐색하고 수용하는 데 필수적이다.

(3) 자기 일치성(Congruence)

로저스는 개인의 자기 개념(self-concept)과 경험 사이의 일치성이 중요하다고 보았다. 자기 일치성은 자신의 내부 경험과 외부 표현이 일치할 때 발생하며, 이는 정신적 건강의 핵심 요소이다. 불일치가 존재할 경우, 불안이나 방어적 행동이 발생할 수 있다.

(4) 자기 개념(Self-Concept)

로저스는 개인이 자신에 대해 가지는 지각과 신념 체계인 자기 개념을 중요시했다. 이 자기 개념은 경험과 타인의 피드백을 통해 발전하며, 개인의 행동과 자기 인식에 큰 영향을 미친다.

(5) 실존적 선택과 책임

로저스는 각 개인이 자신의 삶에서 의미 있는 선택을 하고 그 결과에 대해 책임을 져야 한다고 보았다. 이는 개인의 자유의지와 자기 결정력을 강조한다.

4) 로저스의 인본주의 이론과 사회복지 실천의 함의

로저스의 인본주의 이론은 사회복지 실천에서 매우 중요한 함의를 가진다. 사회복지사는 클라이언트의 내적 자원과 자기 성장의 잠재력을 인식하고 이를 촉진하는 환경을 제공해야 한다. 로저스의 이론을 사회복지 실천에 적용하는 몇 가지 주요 함의는 다음과 같다(최정아 역, 2012; Rogers, 1961, 1980).

(1) 무조건적 긍정적 존중의 중요성

사회복지사는 클라이언트의 가치와 경험을 있는 그대로 수용하고 존중하는 태도를 가져야 한다. 비판하지 않고, 받아들이는 태도는 클라이언트가 자신을 개방적으로 표현하고 자기 수용을 할 수 있게 만든다. 폭력 피해자, 정신건강 문제를 겪고 있는 사람들, 소외된 집단 등 사회적 낙인과 차별을 경험하는 클라이언트에게 무조건적 긍정적 존중은 회복의 중요한 출발점이 된다.

(2) 진정성 있는 관계 구축

사회복지사는 클라이언트와의 관계에서 진정성을 유지하고 자신의 감정과 태도를 솔직하게 표현해야 한다. 이는 클라이언트가 사회복지사와의 관계에서 안전하게 자신의 감정을 표현하고 자기 이해를 깊이 할 수 있는 환경을 제공하는 데 중요하다. 정서적 지지와 공감을 통해 클라이언트는 더 나은 결정을 내리고 자기 이해를 높일 수 있다.

(3) 자아 개념의 향상

로저스는 자아 개념이 긍정적일수록 심리적 건강이 향상된다고 보았다. 사회복지사는 클라이언트가 자아 개념을 긍정적으로 인식할 수 있도록 돕는 역할을 해야 한다. 이를 위해서는 자기 존중감을 높이는 활동을 지원하거나, 자기 인식 프로그램을 통해 클라이언트가 자기 가치를 재발견하고 자기실현을 향한 길을 찾아갈 수 있도록 돕는 것이 중요하다.

(4) 자기실현의 촉진

사회복지사는 클라이언트가 자기실현을 이루어 갈 수 있도록 지원해야 한다. 클라이언트가 자신의 잠재력과 강점을 인식하고 이를 발휘할 수 있도록 도와주는 것이 사회복지사의 역할이다. 예를 들어, 교육 프로그램, 직업 훈련, 심리치료 등을 통해 클라이언트가 자신의 능력을 극대화하고 행복한 삶을 살 수 있도록 돕는다.

(5) 클라이언트의 자율성 존중

로저스는 인간은 자기 결정을 내릴 수 있는 능동적인 존재로 보았으며, 사회복지 실천에서 클라이언트가 자기 주도적으로 문제를 해결할 수 있도록 돕는 것이 중요하다. 클라이언트가 자신의 선택에 책임을 질 수 있도록 돕는 것이 사회복지사의 주요 임무이다. 이를 위해 사회복지사는 의사결정 과정에서 클라이언트의 의견을 존중하고, 자율성을 지원하는 역할을 해야 한다.

결과적으로 칼 로저스의 인본주의 이론은 사람을 본래 선하고 성장 지향적인 존재로 보고, 자기실현과 자기계발을 향한 내적 잠재력을 강조한다. 사회복지실천에서 로저스의 이론을 적용하는 것은 클라이언트에게 무조건적 긍정적 존중, 진정성, 자기실현을 위한 지원을 제공하는 것을 의미한다. 사회복지사는 클라이언트가 자기 내적 자원을 인식하고 심리적 성장을 이룰 수 있도록 돕는 중요한 역할을 한다.

PART 04

사회환경이론

13 Chapter

사회체계이론, 일반체계이론, 생태학적 체계이론

1. 개요

체계이론에는 크게 사회체계 이론(social system theory), 일반체계 이론(genetal system), 생태체계 이론(ecological system)으로 분류할 수 있다. 각 이론들은 다양한 체계수준에 관심이 있으며 인간과 환경 사이의 상호작용을 강조하고 체계를 하나의 전체로서 바라본다. 또한 체계 내에서 혹은 체계들 사이에서 발생하는 스트레스와 이에 대처하는 인간의 균형에 관심을 둔다는 공통점이 있다. 반면에 각 이론들은 나름의 특징들을 가지고 있는데 사회체계 이론에서는 인간행동에 영향을 미치는 다양한 체계 수준, 즉 개인, 가족과 조직을 포함하는 소집단, 지역사회와 같은 보다 복잡하고 넓은 사회체계에 관심을 둔다. 일반체계이론은 유기체와 환경 간의 체계적인 상호작용, 상호관련성에 대해서 전체성, 상호성, 개방성의 개념으로 설명하고 분석하려는 일반과학이라고 할 수 있다. 생태체계이론이란 유기체가 환경 속에서 어떻게 역학적인 평형상태를 유지하고 성장해가는지에 관심을 두고 있다. 그래서 생태체계 이론은 사회복지사들에게 특정 개입 방법이나 기술을 제시하는 이론이기보다 사회현상을 체계적으로 사정하고 평가하도록 도와주는 관점으로 인식되고 있다. 사회복지 실천에서는 일반체계 이론보다는 사회체계이론이나 생태체계이론을 많이 활용하고 있는데 실천을 고려해 보면 복잡하고 광범위한 생태체계보다는 사회적 단위를 강조하는 사회체계 이론이 사회복지 실천과 보다 잘 어울린다고 할 수 있다.

2. 사회체계이론

1) 기본 개념

사회체계이론은 원래 공학과 생물학에서 발달한 이론으로 지역사회 전반과의 관계에서, 그리고 지역사회 구성체들과의 관계에서 지역사회 문제를 이해하는 데 매우 유익한 이론이다. 또한 지역사회 외부환경과의 관계에서 지역사회 문제를 이해하는 데에도 도움이 된다. 사실, 사회체계이론은 지역사회는 물론, 가족, 조직, 사회 등의 다양한 다른 체계들을 이해하는 데도 적용되는 이론으로, 단지 지역사회만을 위한 이론만은 아니다. 사회체계이론에서 초점을 두는 핵심 개념은 '상호 의존하면서 상호작용을 통해 존재하는 구성체들의 집합체'라고 정의하는 '체계(system)'이다. 사회체계이론에 의하면, 체계의 구성체들은 서로 교환관계를 통해 조직되고 기능하기 때문에 체계 어느 한 부분의 변화는 전체로서의 체계 및 체계를 구성하는 다른 모든 구성체들에 영향을 미친다. 이러한 속성을 갖는 체계의 또 하나의 특징은 경계(boundary)를 가진다는 것이다(김재형 역, 2013). 즉, 체계는 외부환경과 상호작용하며 존재하지만 동시에 스스로는 외부환경과 구분될 수 있는 독특한 정체성을 가지면서 외부 환경으로부터 자신을 구별하려는 속성을 지닌다. 다시 말해, 체계는 환경으로부터 투입물을 받아들여 산출물을 생산하고, 그 산출물을 외부 환경으로 다시 내보내는 활동을 통해 존립하는 속성을 가진다(김기태, 김영화 역, 2004; Bertalanffy, 1968).

2) 기본 가정

사회체계는 한 단위 혹은 전체를 이루는 상호 관련된 성원들로 이뤄진다. 사회체계의 성원들 간에는 고도의 상호의존과 조직이 있다. 사회체계 간의 상호의존과 상호작용이 있으며, 적응적 혹은 목표지향적이다.

사회체계의 한 성원에게 일어난 변화는 전체 사회체계의 특성에 영향을 미치고 체계의 구조에 불균형이 일어나면 체계를 움직이는 사회체계 내의 변화 혹은 사회체계를 넘어서는 범위로부터의 변화에서 균형을 재수립하려는 시도가 이루어진다(김기태, 김영화 역, 2004; 김재형 역, 2013).

3) 주요 개념

사회체계이론은 사회를 하나의 유기체적 시스템으로 보고 이 시스템 내에서 개인, 집단조직 등의 다양한 하위체계들이 상호작용하며 균형을 이루는 것에 주목한다. 이 이론의 주요 개념은 다음과 같다(김재형 역, 2013).

(1) 체계(System)

체계는 상호의존적인 요소들의 집합으로 이들 요소들이 상호작용하며 하나의 통합된 전체를 형성하는 것을 의미한다. 사회체계는 개인, 가족, 집단, 조직, 지역사회 등 다양한 수준에서 존재하며, 각각의 체계는 하위체계이자 상위 체계의 일부로 기능한다.

(2) 하위 체계(subsystem)

사회체계는 여러 하위체계로 나뉜다. 예를 들어, 가족, 교육, 경제, 정치 등의 다양한 하위체계가 사회의 전체 체계 내에서 각자의 역할을 수행한다. 이러한 하위체계들은 독립적으로 작동하면서도 다른 하위체계와 상호작용한다.

(3) 경계(boundary)

각 하위체계는 고유의 경계를 가지고 있으며, 외부환경과 상호작용하거나 영향을 받을 때도 그 경계를 유지하려고 한다. 체계 간의 경계가 흐려질 때, 시스템에 혼란이 올 수 있다.

(4) 안정성 및 변화

사회체계는 항상 일정한 수준의 안정성을 유지하려는 경향이 있지만, 외부의 변화나 새로운 정보에 적응해야 할 필요성도 있다. 이러한 변화에 대한 적응력이 체계의 건강성을 유지하는 중요한 요소이다.

(5) 피드백

체계 내에서 발생하는 상호작용의 결과는 체계에 피드백이 된다. 긍정적 피드백은 변화를 촉진할 수 있고, 부정적 피드백은 변화를 억제하여 안정성을 유지하는 역할을 한다.

4) 사회체계이론과 사회복지 실천의 함의

사회체계이론은 사회복지 실천에 중요한 영향을 미친다. 이를 통해 사회복지사는 클라이언트의 행동이나 문제를 단지 개인적 차원에서 이해하지 않고, 그들의 사회적 환경과의 상호작용을 고려해야 한다. 주요 함의는 다음과 같다(김기태, 김영화 역, 2004; 김재형 역, 2013; Meyer, Smith, 1996).

(1) 클라이언트의 사회적 환경 이해

사회복지사는 클라이언트가 속한 사회적 시스템(가족, 학교, 직장 등)과의 상호작용을 고려하여 문제를 분석하고 개입 전략을 세운다. 이를 통해 클라이언트의 문제를 시스템적 관점에서 이해하고 해결책을 찾을 수 있다.

(2) 시스템의 변화 지원

사회복지사는 클라이언트와 관련된 사회적 시스템(가족, 지역사회 등)을 변화시키는 데 집중한다. 예를 들어, 가족 상담에서는 개인의 문제가 가족 내 상호작용에서 비롯된 것일 수 있다는 점을 인식하고, 가족 시스템의 변화가 개인의 변화로 이어질 수 있도록 돕는다.

(3) 다각적인 접근

사회체계이론을 바탕으로 사회복지사는 다양한 시스템 차원에서 접근하여 문제를 해결하려고 한다. 개인, 가족, 지역사회 등 여러 차원의 시스템을 통합적으로 고려하는 것이 중요하다.

(4) 자원과 환경의 적응

사회복지사는 자원과 환경적 요인이 클라이언트의 문제해결에 어떤 영향을 미치는지 파악하고, 이를 통해 적응적인 해결책을 제공한다.

결과적으로 사회체계이론은 사회적 상호작용과 환경의 영향을 고려하여 개인과 사회를 이해하고, 문제해결을 위한 접근을 제시한다. 사회복지실천에서 사회체계이론은 클라이언트의 문제를 단순히 개인적인 차원에서만 바라보지 않고, 상호작용하는 여러 시스템을 고려하여 해결책을 제시하는 데 중요한 역할을 한다.

3. 일반체계이론

1) 개요

일반체계이론(General Systems Theory, GST)은 1940년대에 생물학자 루드비히 폰 베르탈란피(Ludwig von Bertalanffy)에 의해 처음으로 제시되었고, 1960년대부터 주목받게 되었다. 일반체계 이론은 인간이 상호작용하는 많은 체계를 고려할 수 있는 접근방법이기 때문에 사회복지 실천의 사정과 개입의 영역을 확대시켰다.

일반체계 이론이 정신의학에 미친 가장 큰 공헌은 신체를 다루는 생물학적 접근과 인간의 내면을 다루는 심리학적 접근을 통합하여 이해할 수 있도록 한 것이다.

일반체계이론은 매우 추상적이며 현실을 관찰하고 구성 요소들 간의 관련성을 파악하여 조직화할 수 있는 방법들을 제시해 주며, 세포에서부터 사회 그리고 모든 형태의 인간연합체에 적용될 수 있다.

일반체계이론은 매우 복잡한 체계의 관계 속성 또는 체계 내부에서 이루어지는 상호작용의 특성을 이해하기 위해 일반체계이론이 개발되었다. 즉 체계 요소들 간의 상호관련성과 상호의존성을 강조하는 체계적 시각으로 단선적 원인론에서 순환적 원인론으로의 전환을 가져와 수집한 정보를 조직화하고 통합할 수 있는 틀을 제시하였다.

2) 기본 가정

일반체계이론(GST)은 다양한 분야에서 시스템을 이해하고 분석하는 이론으로, 1930년대 독일의 생리학자 루드비히 폰 베르탈란피(Ludwig von

Bertalanffy)가 주창했다. 일반체계이론의 기본 가정은 다음과 같다 (Bertalanffy, 1968, 1972).

(1) 전체는 부분의 합 이상이다.

시스템을 구성하는 각 요소들이 상호작용하며 전체적인 특성을 만들어낸다는 점에서, 시스템은 개별 요소들의 단순한 합이 아니라 그 상호작용에 의해 형성된다. 즉, 시스템은 구성 요소들의 결합으로 설명될 수 있지만, 그 이상의 복잡한 성질을 나타낸다.

(2) 상호작용과 관계의 중요성

시스템의 구성 요소들 간의 상호작용이 시스템의 특성을 결정하며, 시스템을 이해하려면 개별 요소들이 아니라 그 관계를 이해해야 한다.

(3) 적응성과 변화

시스템은 환경과의 상호작용을 통해 적응하고 변화한다. 이는 시스템이 내부와 외부 환경에 반응하고, 그에 따라 변화하는 과정을 포함한다.

(4) 개방된 시스템

대부분의 시스템은 환경과의 에너지, 물질, 정보 등을 교환하는 개방적인 특성을 가지고 있으며 이 시스템은 외부환경과의 상호작용을 통해 지속적으로 변화하고 진화한다.

(5) 체계적 접근

시스템을 분석할 때는 그 자체의 구조, 기능, 상호작용 및 환경과의 관계를 포함한 전체적인 관점에서 접근해야 한다. 즉, 시스템을 독립적인 개체로 보기보다는 상호작용하는 여러 요소들의 집합으로 본다.

(6) 목적성과 자가 조직화

많은 시스템은 특정 목적을 가지고 있으며, 자가 조직화 된 특성을 보인다. 즉, 시스템은 외부의 직접적인 조정 없이도 스스로 정돈되고 조직화될 수 있으며 이 이론은 생물학, 사회과학, 공학 등 여러 분야에서 다양한 시스템을 분석하는 데 중요한 틀을 제공한다.

3) 주요 개념

일반체계이론(GST)은 복잡한 시스템을 이해하고 설명하기 위해 개발된 이론으로, 다양한 분야에서 적용된다. 이 이론의 주요 개념들은 다음과 같다(Bertalanffy, 1968, 1972; 이재호 역, 2015).

(1) 시스템(System)

시스템은 상호작용하는 요소들이 모여 특정 목적을 달성하는 구조를 의미하며 시스템은 내부 구성 요소들 간의 관계와 상호작용에 의해 형성된다.

(2) 상호작용(Interaction)

시스템 내의 각 요소들은 서로 영향을 미치는데 이 상호작용은 시스템의 동작과 결과를 결정짓는 중요한 요소이다.

(3) 경계(Boundary)

시스템을 외부환경과 구분하는 선이나 경계를 의미한다. 경계를 설정함으로써 시스템 내외부를 구별할 수 있으며, 시스템을 연구할 때 중요한 역할을 한다.

(4) 입력(Input)과 출력(Output)

시스템은 외부로부터 입력을 받아들여 처리한 후 출력을 생성한다. 입력은 시스템 외부에서 들어오는 자원이나 정보이고, 출력은 시스템이 처리한 결과물이다.

(5) 피드백(Feedback)

시스템의 출력이 다시 시스템에 영향을 미치는 과정을 의미한다. 피드백은 긍정적(양의 피드백)일 수도 있고 부정적(음의 피드백)일 수도 있으며 피드백은 시스템이 안정하거나 변화하도록 유도하는 중요한 요소이다.

(6) 자기조직화(Self-organization)

시스템이 외부의 강한 영향을 받지 않고 내부적으로 복잡한 구조를 자발적으로 형성하는 과정을 의미하며 자기조직화는 자연 및 사회적 시스템에서 나타나는 특징이다.

(7) 개방형 시스템(Open System)

개방형 시스템은 외부환경과 지속적으로 상호작용을 하며, 자원이나 에너지를 교환하며 대부분의 생명체, 기업, 사회 시스템 등이 개방형 시스템에 해당한다.

(8) 보편성(Holism)

시스템을 구성하는 부분들이 각각 독립적으로 이해되는 것이 아니라, 전체 시스템의 특성에 따라 상호작용하며, 전체로서의 특성이 중요하다는 개념이다.

(9) 동적 변화(Dynamic Change)

시스템은 시간이 지나면서 지속적으로 변하며, 이러한 변화는 예측할 수 있거나 예측할 수 없는 방식으로 일어날 수 있으며 시스템의 상태는 항상 변할 가능성이 있다.

(10) 적응(Adaptation)

시스템이 환경 변화에 맞춰 자신을 조정하는 과정이다. 적응은 시스템이 지속적으로 환경 변화에 대응하며 생존하고 발전하는 데 필수적인 요소이며 일반체계이론은 이러한 기본 개념들을 바탕으로 다양한 분야에서 복잡한 문제를 해결하는 데 도움을 준다.

4) 일반체계이론과 사회복지 실천의 함의

일반체계이론은 사회복지 실천에서 전체적이고 종합적인 접근을 가능하게 한다. 이 이론을 통해 사회복지사는 개인의 문제를 그가 속한 사회적 맥락과 연결하여 분석하고 해결 방안을 제시할 수 있다. 이 이론의 주요 함의는 다음과 같다(김지헌 역, 2000; 이재호 역, 2016).

(1) 클라이언트의 상호작용 분석

사회복지사는 클라이언트의 문제를 개인적 문제로 한정 짓지 않고, 사회적 맥락과의 상호작용을 분석한다. 클라이언트가 속한 가족, 학교, 직장 등 다양한 사회적 시스템과의 관계에서 발생하는 문제를 전체적인 시스템의 관점에서 이해하고 해결책을 찾는다.

(2) 시스템 변화 지원

사회복지사는 시스템 내의 변화를 지원한다. 예를 들어, 가족 상담에서는 가족 시스템의 변화를 통해 개인의 문제가 해결될 수 있도록 돕는다. 또한, 사회적 환경이나 정책적 지원을 통해 클라이언트가 처한 환경을 변화시킬 수도 있다.

(3) 다차원적 접근

사회복지 실천에서 다차원적인 접근이 중요하다. 클라이언트의 문제는 단지 개인적 차원뿐만 아니라, 가족, 직장, 학교 등 다양한 차원의 시스템에서 발생할 수 있다. 따라서 사회복지사는 여러 차원의 시스템을 종합적으로 이해하고 문제를 해결하는 데 중요한 역할을 한다.

(4) 자원 활용

사회복지사는 사회적 자원(가족, 지역사회, 공공기관 등)을 효율적으로 활용하여 클라이언트가 문제를 해결하고 자기 조직화할 수 있도록 돕는다.

결론적으로 일반체계이론은 시스템적 사고를 통해 다양한 분야에서 상호작용과 상호의존성을 분석하고 문제해결 방안을 제시한다. 사회복지 실천에서 이 이론은 개인과 사회적 환경을 통합적으로 이해하고, 클라이언트가 속한 다양한 사회적 시스템을 변화시키는 데 중요한 역할을 한다.

3. 생태학적 체계이론

1) 개요

생태학적 이론(ecological theory)은 유전적 요소, 가정의 역사, 사회경제적 수준, 가정생활의 질, 문화적인 배경과 같은 요인들이 발달과 관련된다고 보고 있으며, 인위적인 실험실 연구가 아닌 실제 삶의 맥락 내에서 행하고 연구하고자 하는 접근을 취한다.

생태학적 접근은 최근 발달심리학의 여러 영역에서 강하게 부각되고 있는 경향이며, 특히 지각 발달과 성적 및 사회성 발달 연구에서 중시되고 있다. 아동 발달에 대한 생태학적 이론은 환경적 요소에 의해 영향을 받는 통합된 유기체로서의 전인적 유아(whole child)를 생각한다. 생태학적 이론은 두 가지 접근으로 나눌 수 있는데, 생물학적 요인에 강조를 두는 동물 행동적 접근과 환경에 중점을 주는 생태학적 접근이다(정경희, 김정호 역, 2006).

2) 기본 가정

생태학적 체계이론(Ecological Systems Theory)은 심리학자 유리 브론펜브레너(Urie Bronfenbrenner)가 제시한 이론으로, 인간 발달을 이해하는 데 중요한 역할을 한다. 이 이론의 기본 가정은 다음과 같다(Bronfenbrenner, 1979, 1994).

첫째, 발달은 여러 환경과의 상호작용에서 이루어진다.

생태학적 체계이론은 인간 발달이 여러 수준의 환경적 시스템과 상호작용하면서 일어난다고 본다. 이 시스템은 미시체계(가족, 친구), 중간체계(가정과 학교의 관계), 외적체계(부모의 직장 환경 등), 거시체계(문화, 경제적 배경 등)로 나누어진다.

둘째, 환경은 발달에 영향을 미친다.

사람의 발달은 단지 유전자에 의한 것이 아니라, 다양한 환경적 요인과의 상호작용에 의해 영향을 받는다. 즉, 인간의 발달은 생리적, 사회적, 문화적 환경에 따라 달라진다.

셋째, 시간적 차원(시간의 흐름)에 따라 변화한다.

브론펜브레너는 발달이 단지 특정 시점에서 발생하는 것이 아니라, 시간이 지나면서 어떻게 변화하고 발전하는지에 대한 중요성을 강조한다. 이를 시간적 맥락(Chronosystem)이라고 부르며, 사람은 생애 주기 동안 다양한 환경적 변화를 경험하게 된다.

넷째, 시스템은 상호연결되어 있다.

모든 시스템은 독립적으로 존재하는 것이 아니라 서로 밀접하게 연관되어 있다. 예를 들어, 아동은 가정환경에서만 영향을 받는 것이 아니라, 학교, 지역사회, 그리고 더 넓은 사회적 환경에서의 영향을 함께 받는다.

다섯째, 개인의 능력과 발달은 환경적 영향을 통해 변화한다.

인간은 각기 다른 발달적 요구와 능력을 가지고 있으며, 이러한 능력들은 주어진 환경적 자원과 도전에 의해 조정되고 변화한다.

3) 환경체계의 모델

(1) 미시체계

생태학적 환경은 개인에게 영향을 미치는 즉각적 상황으로 개인이 반응하는 대상이다. 얼굴을 마주 보고 상호 작용하는 사람들을 초월한 훨씬 확대된 개념으로 정의될 때 중요한 것은 그 장면에 함께 있는 또 다른 사람들 간의 관계, 즉 그 관계의 본질에 의한 것들이다. 이러한 즉각적인 환경 내에서의 상호관계들의 복합체를 미시체계라고 보며 개인에게 가장 가까운 환경체계가 미시체계이다.

미시체계는 아동이 살고 있는 집의 크기, 근처에 있는 운동장의 시설물, 학교 도서관에 구비된 장서의 크기 등과 같은 물리적 특성을 포함하며 아동의 가족, 친구, 학교, 이웃도 이 체계에 포함된다. 이들은 아동발달에 관련이 있는 특성들을 소유하며 또래 집단의 사회경제적 지위, 부모의 교육 수준, 교사의 정치적 신념 등이며 이 미시체계에서 아동과 부모, 친구, 교사 등 관계에서는 대부분 직접적 상호작용이 주어진다. 아동이 환경의 영향을 받는 수동적 존재가 아니라 환경을 구성하는 능동적 주체인 것을 보여준다.

(2) 중간체계

상호 연결성의 원리로서 장면들 내에서만 적용되며, 또한 장면들 간의 연결고리들에도 똑같은 힘과 결과로 적용된다. 중간체계란 발달하는 개인이 적극적으로 참여하는 둘 이상의 환경 간의 상호관계(interaction)로 이루어진다. 그러므로 중간체계는 미시체계들로 구성된 하나의 체계이다. 예를 들면 부모와 교사 간의 관계, 형제관계, 이웃 친구와의 관계 등이다. 중간체계는 발달하는 개인이 새로운 환경으로 이동할 때마다 형성되거나 확대된다. 미시체계와 중간체계 간에는 다음과 같은 문제가 발생할 가능성이 있다(Muuss, 1950).

첫째, 여러 다른 미시체계가 제각기 다른 가치관을 표방할 때에는 잠재적 위험이 따른다. 예를 들면, 또래 집단은 음주, 흡연, 약물 남용, 조기 성행위를 영웅시하고 격려하며 보상하지만, 부모나 교회는 이러한 행동들을 부정적으로 보고 처벌한다.

둘째, 극도로 빈약한 중간체계 내에는 미시체계 간에 의미 있는 연결이 거의 또는 전혀 없다. 즉 개인 생활이 각기 분리되어 있다. 자녀의 친구를 알지 못하는 부모, 같은 학교에 다니지 않는 친한 친구, 부모나 친구가 알지 못하는 교회에 다니는 아동 등이 그 예이다.

중간체계의 상호작용은 아동이 아들·딸, 친구, 학생, 밴드부원 등으로 동시에 다중적 역할에 참여하는 것이다. 사람들이 서로 다른 환경에서 서로 다른 역할 수행, 즉 시간에 따라 그리고 어떤 환경에서 다른 환경으로 옮겨 감에 따라 역할이 바뀐다.

중간체계 개념에는 서로 다른 역할을 거의 동시에 수행한다는 의미가 내포되어 있다. 사람들이 다양한 미시체계에 참여할 때에는 다양한 역할을 수행하여야 한다. 사회적 역할은 사회에서의 다양한 대인 관계라든가 그가 갖는 지위와 연관된 행동과 기대라고 정의된다.

예를 들면, 가정에서의 딸 또는 아들, 또래 집단의 친구, 학교 친구, 운동선수, 직장의 동료 친밀한 관계에서 서로 사랑하는 연인들의 역할이다. 이러한 사회적 역할은 다른 사람이 또는 어머니, 교사, 코치, 직장 상사, 연인 등의 대응적 역할을 수행한다는 것을 암시한다.

(3) 외체계

발달하는 개인이 실제로 참여하는 장면은 물론 한 번도 참여한 적이 없어도 그 사건이 발생함으로써 그 사람의 직접적인 환경에서 무엇인가 일어나도록 영향을 끼치는 경우까지도 적용된다. 외체계는 발달하는 개인이 적극적 참여자로 관여하지는 않으나 발달하는 개인이 속한 환경에서 일어나는 일에 영향을 주거나 영향을 받는 사건이 발생되는 하나 또는 그 이상이 포함된다.

이러한 외체계의 환경들은 아동의 행동에 영향을 준다. 예를 들면, 부모의 직장 상사는 부모가 어디에서 일할지, 언제 일을 할지, 얼마만큼 수입이 있을지, 언제 휴가를 갈 수 있을지, 자유로운 근무 시간을 허용할지 등을 결정한다.

또한 고용주는 아버지나 어머니를 서울에서 부산으로 전근시킬 수도 있고, 아주 해고시킬 수도 있다. 이러한 결정들은 자녀 미시체계와 중간체계에 심각한 영향을 줄 수 있다. 빈약한 주거, 실직, 장기간의 빈곤은 모두 외체계의 요인들로서 부모의 통제권이 미치지 못한다.

그럼에도 불구하고 외체계 요인들은 아동학대와 아동 유기의 확률을 높이는 요인들이다. 활발한 친족 지원망, 교회 출석 등과 같은 예방 요인들이 외체계에 존재한다면 아동학대와 아동 유기의 가능성을 줄여 줄 수 있다.

(4) 거시체계

겹구조로 된 상호 관련된 체계들의 복합체이며 특정한 문화나 하위문화에 공통되는 사회적 제도의 이념과 조직의 상부를 덮고 있는 아치 형태를 띠는 것이다. 거시체계란 민족집단체계와 같이 득정 문화의 유형이나 보다 광범위한 사회적 맥락을 의미한다.

거시체계는 미시체계, 중간체계, 외체계에 포함된 모든 요소에다 개인이 살고 이는 문화적 환경까지 포함한다. 거시체계는 신념, 태도, 전동을 통해 인간에게 영향을 주며 다른 체계보다 더 안정적이지만 사회적 변화에 따라 변한다. 거시체계는 사회관습과 유행을 통해 자신의 가치관을 표현하고 미의 기준을 제시하기도 하고, 성별에 따라 적절하거나 부적절한 행동을 정의하기도 한다.

거시체계는 아동의 삶에 직접적으로 개입하지 않지만 전체적으로 보면 아치형처럼 사회계획을 포괄함으로써 간접적인 강력한 영향력을 행사한다. 어떤 음식이 건강에 좋거나 해롭다고 구별해 주기도 하고 흡연에 대한 사회적 제재를 가할 수도 있다. 또한 거시체계적 가치관은 메마른 체형을 미 또는 성적 매력과 동일시함으로써 거식증이나 폭식증 등의 섭식장애를 초래하기도 한다.

(5) 시간체계

전 생애에 걸쳐 일어나는 변화와 사회 역사적 환경을 포함한다(Bronfenbrenner, 1989: 189-190). 1995년에 브론펜브레너는 그의 이론에 생물학적 영향을 첨가함으로써 생물 생태학적 이론으로 지칭되고 있다. 그러나 인간 발달에 대한 생물학적 기여는 언급되지 않고 있으므로 아직 까지는 생태학적·환경적 영향이 우세하다고 할 수 있다.

시간체계는 전 생애에 걸쳐 일어나는 변화와 사회 역사적 환경을 포함하며 아동이 성장함에 따라 겪게 되는 부모의 죽음 등의 외적인 사건이나 심리적 변화 등의 내적인 사건이 구성 요소가 된다. 시간체계에 관한 연구들은 인간의 생애에서 단일 사건이 발달에 미치는 영향뿐 아니라 시간의 경과와 더불어 연속적으로 일어나는 사건들이 누적되어 미치는 영향에 관해서도 한다. 시간체계 모델과 관련된 연구(Bronfenbrenner, 1981)에 따르면, 이혼의 부정적 영향은 이혼한 첫해에 최고조에 달하며, 딸보다 아들에게 더 부정적 영향을 미치는 것으로 나타났다. 그리고 이혼 후 2년쯤 되면 가족 간의 상호작용은 안정을 되찾는 것으로 나타났다.

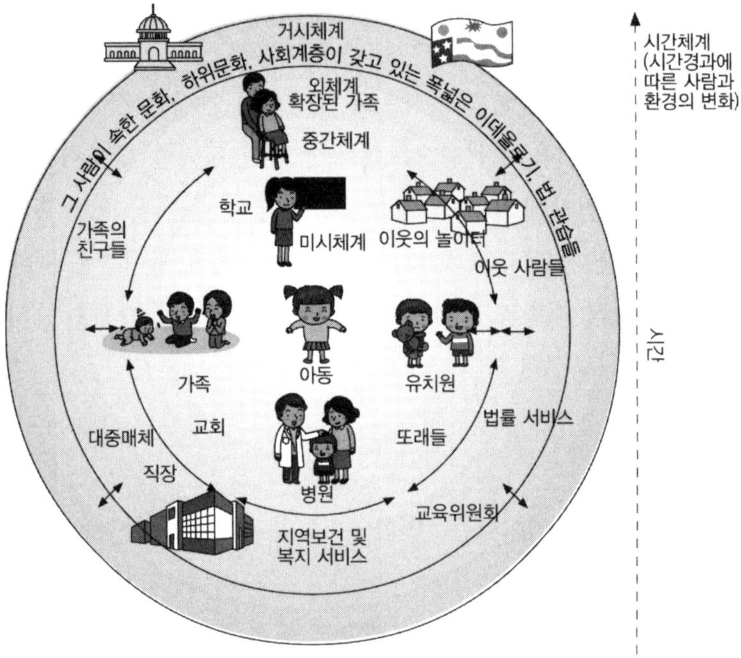

〈그림 13-1〉 환경모델 체계

4) 주요 개념

(1) 관계

관계(relatednes)란 인간관계를 형성하거나 타인과 연결될 수 있는 능력으로 관계를 맺고자 하는 욕망과 능력은 초기의 양육 과정에서 시작되고 일생을 통하여 상호적 보호 행동의 유형을 결정하게 된다.

(2) 역할

역할(role)은 발달하는 사회적 영역을 이해할 수 있게 해 수며, 일련의 기대되는 행동이며 상호적 요구와 의미의 유형이다. 감정, 정서, 지각 그리고 신념은 역할 수행과 기계적으로 연관되어 있으며 역할은 내적 과정과 사회적 참여 사이에 가교의 기능을 수행한다.

(3) 유능성

유능성(competence)이란 인간 발달에 필수적 요소로서 자아 심리이론에서는 개인이 환경과 효과적으로 상호 작용할 수 있는 능력이라고 보았으며, 어떤 과업을 수행하고 상호작용으로 인해 일어나는 결과를 통제할 수 있는 능력이라고 규정하였다.

따라서 유능성의 개념 속에는 확고한 결정을 내리고, 자신의 판단을 신뢰하고, 자기 확신을 갖고, 환경에 바람직한 영향을 미칠 수 있는 능력이 포함되어 있다.

(4) 사회적 환경

사회적 환경이란 사회적 세계 내의 개인과 그의 매일의 상호작용을 포함한다. 현대인의 생활에서 가장 많은 영향을 미치는 사회적 환경은 관료제 조직(bureaucratic organization)이며 이것은 인간의 욕구를 효과적으로 충족시키기 위한 목적으로 만들어진 것이다.

이러한 조직을 이용하는 주민들의 생활 스트레스를 도와주기보다는 오히려 생활문제를 야기하는 경우가 많다. 또한 사회적 관계망은 주요 타인 간의 관계 체계로서 성장과 적응에 상당한 기여를 한다.

(5) 물리적 환경

물리적 환경이란 매일의 일기 조건부터 공기의 오염물질까지 그리고 개인이 살고 있는 집의 설계부터 이웃집 소음까지의 모든 것을 포함한다. 인간은 전 생애 동안 인간이 몸 담고 있는 물리적 환경에 적응해야 한다.

자연적 환경(기후, 지리적 조건)의 리듬 변화는 인간의 모든 생활에 반영되고 있으며, 인위적 환경(건축물, 대중매체, 교통체계 등 인간이 배치한 구조나 대상들 모두 포함)의 변화는 개인의 사회적 관계망의 손실을 일으키며, 친숙한 장소와 구조를 상실하게 하므로 정체감의 혼란을 가져오기도 한다.

(6) 공간과 시간적 리듬

개인의 안녕 상태에 중요한 영향을 미치는 환경적 측면인 공간은 건축양식, 관계 영역, 개인적 지각에 적용될 수 있다. 생태학적 관점에서 공간과 관련된 변인들은 도시지역과 농촌지역 모두에게 개인-환경 단위의 적응에 중요한 영향을 미치고 속도, 기간과 같은 시간적 리듬(cemporal rhythms)은 적응과 밀접한 관련성을 지니고 있다고 본다.

(7) 생활 영역과 거주환경

생활 영역이란 지역사회 성원들이 차지하고 있는 직접적 환경이나 지위 등을 의미하며, 브론펜브레너는 특별한 개인적 특성을 지닌 개인의 발달을 촉진 또는 방해하는 환경 내의 영역이라고 하였다. 즉 효과적으로 기능할 수 있는 특정한 장소나 환경을 의미한다.

거주환경(habitat)은 개인의 문화적 맥락 내에 존재하는 물리적 사회적 환경과 관련된 개념이다.

(8) 적합성

적합성이란 개인의 적응적 욕구와 환경의 질이 어느 정도 부합되는지와 관련된 개념으로 다른 종의 경우에는 진화에서 비롯되며 인간의 경우에는 일생을 통하여 성취된다. 적합성은 인간과 환경 사이의 상호 교류를 통하여 성취되고, 이들의 상호작용이 성공적이고 적응적일 때 적합성이 이루어진다. 개인과 환경 사이의 적합성은 양자의 기능이다. 적합성은 개인과 환경 간의 계속적 교류이며 고정되어 있지 않고 상호 교류의 변화에 따라 바뀐다. 그러므로 부정적 교류가 반복되면 인간발달과 건강 그리고 사회적 기능은 손상된다.

(9) 적응

적응(adaptation)이란 개인과 환경 사이의 활발한 상호 교환을 포함한 개인-환경이라는 하나의 단위 내에서 이루어지는 과정을 의미한다.

인간은 자신의 욕구에 적합하도록 환경을 변화시키고 이러한 환경의 변화에 적응할 수 있어야 한다. 인간은 끊임없이 창조하고, 재구조화하며 환경이 인간에게 어떤 영향을 미친다고 해도 환경에 적응해 나간다. 또한 생태학적 이론에서는 적응상의 문제를 병리적 상태로 규정하지 않으며 스트레스를 일으키고 성공적 적응을 방해하는 환경적 요인을 중요시하고 있다.

(10) 스트레스

스트레스는 사회적 또는 발달적 변화, 충격적 사건, 다양한 생활문제 등의 요구가 자신이 활용할 수 있는 인적 자원 또는 환경 자원을 초과하는 상황에서 비롯된다.

즉 개인과 환경 간의 상호 교류의 불균형이 야기하는 현상이다.

개인과 환경 사이의 상호 교류는 생활 스트레스를 야기할 수 있으며, 스트레스(stress)는 개인이 지각한 요구와 이러한 요구를 충족시킬 수 있는 자원을 활용할 수 있는 능력 사이의 불균형에 의해 야기된 생리, 심리, 사회적 현상이라고 할 수 있다. 또한 스트레스는 반드시 문제가 되는 것은 아니며 개인이 긍정적 자존심을 가지고 있고, 유능성이 있다고 생각하는 경우에는 스트레스에 대한 반응은 부정적이지 않을 수 있으며 개인의 성장과 발전을 요하는 하나의 동기로 작용할 수 있다.

(11) 대처

스트레스에 자연적으로 발생하는 대처(coping) 기술은 정신적 고통을 통제하기 위하여 개인이 수행하는 행동이다. 대처 능력을 갖추기 위해서는 내적 자원(자존감과 문제해결 기술)과 외적 자원(가족, 사회적 관계망, 조직의 지원)이 필요하다. 성공적 대처는 인간과 환경의 질을 향상시키고 높은 수준의 사회적 관계, 능력, 자긍심, 자율성 획득으로 적응 수준을 향상시킨다.

5) 생태학적 체계이론과 사회복지 실천의 함의

생태학적 체계이론은 사회복지 실천에서 매우 중요한 역할을 한다. 사회복지사는 클라이언트의 문제를 단지 개인적인 문제로 보기보다는 사회적 환경과의 관계에서 발생하는 문제로 이해하고 해결하려고 한다. 생태학적 체계이론을 사회복지 실천에 적용할 때의 주요 함의는 다음과 같다(정경희, 김정호 역, 2006; 김미경, 홍성호 역, 2010).

(1) 클라이언트의 환경 분석

사회복지사는 클라이언트가 속한 다양한 환경을 전체적으로 분석한다. 가족, 학교, 직장, 사회적 네트워크 등 여러 환경 요소들이 상호작용하는 방식을 파악하여, 클라이언트가 겪고 있는 문제의 원인을 환경적 차원에서 이해하려고 한다.

(2) 시스템 변화 지원

사회복지사는 환경적 변화를 지원하여 클라이언트의 발달을 도울 수 있다. 예를 들어, 가족 상담에서는 가족 내 상호작용을 변화시켜, 클라이언트의 문제를 해결할 수 있도록 돕는다. 또한, 사회적 지원 네트워크를 강화하거나 정책적 지원을 통해 클라이언트가 처한 환경을 변화시킬 수 있다.

(3) 환경과의 상호작용 강조

생태학적 체계이론은 클라이언트와 그 환경의 상호작용을 강조한다. 사회복지사는 클라이언트가 환경적 요인을 어떻게 다루는지, 어떤 자원을 활용할 수 있는지 파악하여, 클라이언트가 자기 조정할 수 있도록 돕는다.

(4) 다차원적 접근

사회복지사는 다양한 차원에서의 접근을 통해 클라이언트의 문제를 해결한다. 이를 위해 가족과의 상호작용뿐만 아니라, 학교, 직장, 지역사회와의 관계도 고려하며, 클라이언트의 사회적 네트워크를 강화하는 방식으로 문제를 해결하려고 한다.

결론적으로 생태학적 체계이론은 인간의 발달과 행동을 개인과 환경의 상호작용으로 이해하려는 이론이다. 이 이론은 사회복지 실천에서 매우 중요한 역할을 하며, 클라이언트의 사회적 환경과의 상호작용을 분석하고, 이를 기반으로 문제해결을 위한 전략을 제시하는 데 도움을 준다. 가족, 학교, 사회적 네트워크 등 다양한 환경 요소들이 개인에게 미치는 영향을 종합적으로 고려하는 접근 방식은 사회복지 실천에서 매우 유용한 도구가 된다.

참고문헌

강봉규(2015). 인간발달. 태영출판사.
강상경 · 유창민 · 정희숙(2021). 인간행동과 사회환경. 학지사.
강영계(2007). 프로이트와 정신분석 이야기. 햇님출판사.
고명수 · 이승현 외 3인(2018). 인간행동과 사회환경. 정민사.
권중돈(2021). 인간행동과 사회환경. 학지사.
곽금주(2016). 발달심리학. 학지사.
김광현 역(2007). 행동주의 심리학. 학지사.
김기태 · 김영화 역(2004). 사회복지학의 이해. 학지사.
김기태 외 4인(2005). 한국 사회복지실천교육모델 연구. 한국사회복지교육협의회, 1(1), 19~67.
김미경 · 홍성호 역(2010). 사회복지학과 생태학적 이론. 학지사.
김보기 · 김인기(2017). 인간행동 이해를 위한 심리학. 양서원.
김수정 · 장수미 · 오창순(2023). 인간행동과 사회환경. 학지사.
김지헌 역(2000). 일반체계 이론. 박영사.
김재형 역(2013). 사회체계 이론. 법문사.
김향선(2018). 현대 인간행동과 사회환경. 학지사.
김정미, 최순영(2018). 인간행동과 사회환경. 나눔의집.
김정일 역(2015). 개인심리학 이론과 실제. 학지사.
김청송 · 오세진 외 3인(2015). 인간행동과 심리학. 학지사.
김혜란 · 홍선미 · 공계순 외 1인(2022). 사회복시실천기술론. 학지사.
박경일, 정혜영(2016). 사회복지와 인간행동의 이해. 학지사.
박재찬 역(2010). 스키너의 인간행동. 학지사.
박정아, 이승준(2020). 신생아기 아동의 발달과 사회복지적 지원. 아동복지학 연구, 23(2), 45-60.
백사인 · 배양자 외 2인(2015). 청소년 복지론. 학지사.
보건복지부(2017). 아동복지정책과 사회복지실천. 보건복지부.
엄영용 · 노충래 · 김용식(2020). 사회복지실천 기술의 이해. 학지사.
이강숙 역(2008). 콜버그의 도덕성 발달 이론. 학지사.
이규환 역(2012). 정신분석의 기초. 청아출판사.

이상복 역(1998). 자아와 이드. 청년사.
이숙재 · 이봉선(2008). 영아의 발달과 교육. 창지사.
이은수 역(2015). 인간동기론. 학지사.
이재훈 역(2003). 에릭슨의 심리사회적 발달 이론. 학지사.
이재호 역(2015). 시스템 이론과 사회복지 실천. 학지사.
이현림 · 김영숙(2016). 인간발달과 교육. 교육과학사.
임상록 · 고명수 외 3인(2010). 청소년 복지론. 학지사.
유재균, 정성진(2019). 사회복지 실천의 이론적 기초와 실천모델. 서울: 한국사회복지학회.
송명자(2012). 발달심리학. 학지사.
장희숙(2013). 전생애 발달심리학. 박영사.
정경희, 김정호 역(2006). 생태학적 발달 이론. 교육과학사.
정명숙 역(2006). 융 심리학: 분석 심리학의 이해. 학지사.
정영훈 역(1999). 사회학습이론. 학지사.
정옥분(2018). 영유아발달의 이해. 학지사.
정옥분(2023). 아동발달의 이해. 학지사.
장영애 역(2014). 융과 현대 심리학. 나남.
정정윤 역(2009). 도덕성 발달 이론. 학지사.
제인조, 김미경(2021). 아동발달 심리학. 학지사.
조희준 역(2006). 피아제의 아동 발달 이론. 학지사.
최진호 역(2005). 자아와 방어기제. 청아출판사.
최정아 역(2012). 인간 중심 치료. 학지사.
천은영(2016). 영유아발달. 정민사.
홍성태 역(2017). 자기실현. 에듀웨이.
황희숙, 이희영, 이경화, 이정화, 권연희, 이연우(2018). 아동발달의 이해와 교육. 학지사.

Ansbacher, H. & Ansbacher, R.(1956). The Individual Psychology of Alfred Adler.
Arnett, J. J.(2000). Emerging adulthood: A theory of development from the late teens through the twenties. American Psychologist, 55(5), 469-480.
Ashford, J. B., LeCroy, C. W., & Lortie, K. L.(2018). Human Behavior in the Social Environment: A Multidimensional Perspective.

Bandura, A.(1977). Social Learning Theory. Prentice-Hall.

Bandura, A.(1986). Social Foundations of Thought and Action: A Social Cognitive Theory. Prentice-Hall.

Baltes, P. B., & Baltes, M. M.(1990). Psychological Perspectives on Successful Aging: The Model of Selective Optimization with Compensation. In The Concept and Measurement of Quality of Life in the Elderly (pp. 1-34). Springer.

Barker, R. L.(2003). The Social Work Dictionary. NASW Press.

Berk, L. E.(2013). Child Development(9th ed.). Pearson Education.

Berk, L. E.(2021). Infants, Children, and Adolescents. Pearson Education.

Bertalanffy, L. V.(1968). General System Theory: Foundations, Development, Applications.

Bertalanffy, L. V.(1972). The History and Status of General Systems Theory.

Bowlby, J.(1982). Attachment and Loss: Volume 1. Attachment. Basic Books.

Brazelton, T. B., & Nugent, J. K.(1995). Neonatal Behavioral Assessment Scale. Mac Keith Press.

Bronfenbrenner, U.(1979). The Ecology of Human Development. Harvard University Press.

Bronfenbrenner, U.(1994). Ecological Models of Human Development.

Brown, B. B., & Larson, J.(2009). The Oxford Handbook of Adolescence. Oxford University Press.

Carlson, N. R.(2012). Physiology of Behavior. Pearson Education.

Cassidy, J., & Shaver, P. R. (Eds.).(2016). Handbook of Attachment: Theory, Research, and Clinical Applications(3rd ed.). Guilford Press.

Corey, G.(2017). Theory and Practice of Counseling and Psychotherapy.

Erikson, E. H.(1950). Childhood and Society. Norton & Company.

Fordham, M.(1953). An Introduction to Jung's Psychology.

Freud, S.(1900). The Interpretation of Dreams. Basic Books.

Freud, S.(1914). On Narcissism: An Introduction. SE, 14, 67-102.

Freud, S.(1923). The Ego and the Id. SE, 19, 12-66.

Freud, S.(1927). The Future of an Illusion. W. W. Norton & Company.

Gay, P.(1989). Freud: A Life for Our Time. W. W. Norton & Company.

Germain, C. B., & Gitterman, A.(1980). The Life Model of Social Work Practice. Columbia University Press.

Giddens, A.(1991). Modernity and Self-Identity: Self and Society in the Late Modern Age. Polity Press.

Gopnik, A., Meltzoff, A. N., & Kuhl, P. K.(1999). The Scientist in the Crib: What Early Learning Tells Us About the Mind. HarperCollins.

Graham, J. R., & Harris, J. M.(2014). Social Work and Social Welfare: An Introduction. Pearson Education.

Hepworth, D.(2016). Direct Social Work Practice.

Hepworth, D. H., Rooney, R. H., & Larsen, J. A.(2016). Direct Social Work Practice: Theory and Skills

Jung, Carl G.(1959). The Archetypes and the Collective Unconscious.

Jung, Carl G.(1921). Psychological Types.

Jung, Carl G(1964). Man and His Symbols.

Jung, Carl G.(1947). Psychological Aspects of the Soul.

Kuhl, P. K.(2010). Early Language Acquisition: Cracking the Speech Code. Nature Reviews Neuroscience, 11(10), 671-681.

Lachman, M. E.(2004). Development in Midlife. Annual Review of Psychology, 55, 305-331.

Lillard, A. S.(2005). Piaget's Constructivism, Vygotsky's Sociocultural Theory, and the Role of Biology in Development. In Developmental Psychology, 41(2), 301-313.

Maslow, A. H.(1943). A Theory of Human Motivation. Psychological Review, 50(4), 370-396.

Maslow, A. H.(1954). Motivation and Personality.

Maslow, A. H.(1968). Toward a Psychology of Being.

Mazur, J. E.(2011). Learning and Behavior.

McLeod, S.(2017). Freud's Psychosexual Stages of Development. Simply Psychology.

Meyer, H. M., & Smith, P. S.(1996). The Social Work Systems Approach: A Guide to Practice.

Mazur, J. E.(2011). Learning and Behavior.

McDevitt, T. M., & Ormrod, J. E.(2013). Child Development and Education (4th ed.). Pearson Education.

Miller, P. H.(2011). Theories of Developmental Psychology.

Miller, L. C., & McMullan, J. L.(2000). Behavioral Approaches to Social Work Practice.

Payne, M.(2005). Modern Social Work Theory. Palgrave Macmillan.

Pavlov, I. P.(1927). Conditioned Reflexes.

Pavlov, I. P.(1928). Lectures on Conditioned Reflexes.

Papalia, D. E., Olds, S. W., & Feldman, R. D.(2012). Human Development. McGraw-Hill.

Pinker, S.(2002). The Blank Slate: The Modern Denial of Human Nature.

Power, F. C., Higgins, A., & Kohlberg, L.(1989). Lawrence Kohlberg's Approach to Moral Education. Psychological Processes. Harvard University Press.

Piaget, J.(1926). The Language and Thought of the Child.

Piaget, J.(1947). Psychology of Intelligence.

Piaget, J.(1952). The Origins of Intelligence in Children. International Universities Press.

Rogers, C. R.(1951). Client-Centered Therapy: Its Current Practice, Implications, and Theory.

Rogers, C. R.(1961). On Becoming a Person: A Therapist's View of Psychotherapy.

Rogers, C. R.(1980). A Way of Being.

Santrock, J. W.(2018). Child Development(14th ed.). McGraw-Hill Education.

Santrock, J. W.(2018). Adulthood and Aging(15th ed.). McGraw-Hill Education.

Shonkoff, J. P., & Phillips, D. A.(2000). From Neurons to Neighborhoods: The Science of Early Childhood Development. National Academies Press.

Skinner, B.F(1938). The Behavior of Organisms.

Snow, C. E.(2010). Academic Language and the Challenge of Reading for Learning about Science. Science, 328(5977), 450-452.

Steinberg, L.(2014). Adolescence(10th ed.). McGraw-Hill Education.

Tharp, R.G., & Gallimore, R.(1988). Rousing Minds to Life: Teaching, Learning, and Schooling in Social Context.

Thompson, R. A.(2014). The Development of the Person: The Minnesota Studies of Children in the 21st Century. Guilford Press.

Thompson, R. A.(2016). Early Social Development: A Transactional View. Guilford Press.

Thompson, R. A.(2016). The Development of the Person: The Minnesota Study of Risk and Adaptation from Birth to Adulthood. Guilford Press.

Tomasello, M.(2003). Constructing a Language: A Usage-Based Theory of Language Acquisition. Harvard University Press.

Tharp, R.G., & Gallimore, R.(1988). Rousing Minds to Life: Teaching, Learning, and Schooling in Social Context.

Vygotsky, L. S.(1978). Mind in Society: The Development of Higher.

Zastrow, C.(2021). Social Work Practice: A Generalist Approach.

AUTHOR

저자소개

천은영

호원대학교 K-푸드창업학과 사회복지전공 초빙교수

군산시사회복지협의회 이사

전주지방법원 군산지원 가정법원 전문상담위원

전) 서해대학교 아동복지학과 교수

전) 군산시가족센터 센터장

인간행동과 사회환경

초판 1쇄 인쇄 / 2025년 3월 5일
초판 1쇄 발행 / 2025년 3월 10일

●

저 자 / 천 은 영
발행인 / 이 중 수
발행처 / **동 문 사**

●

서울특별시 서대문구 홍제원 1길 12
(홍제동 137-8)
Tel: 02)736-3718(대), 736-3710, 3720
Fax: 02)736-3719
등록번호: 1974.04.27. 제9-17호
가격: 20,000원

●

ISBN: 979-11-6328-647-9 (93330)
E-mail: dong736@naver.com
www.dongmunsa.com